Stille Winkel in Leipzig

Stille Winkel in

Leipzig

Matthias Gretzschel

Ellert & Richter Verlag

Inhalt

Vorwort

Wer mit dem Zug nach Leipzig fährt, kommt am größten Kopfbahnhof Europas an: Zwei riesige Hallen und einen gewaltigen Querbahnsteig auf einer Fläche von mehr als 80 000 Quadratmetern umfasst das 298 Meter breite Gebäude – Dimensionen, wie man sie sonst allenfalls von New Yorker Großbahnhöfen wie dem Grand Central Terminal und dem leider 1964 abgerissenen Gebäude der Pennsylvania Station kennt. 1909 bis 1915 von den beiden Dresdner Architekten William Lossow und Max Kühne erbaut, ist der Leipziger Hauptbahnhof eine der letzten großen „Kathedralen des Verkehrs", die seit Mitte des 19. Jahrhunderts die Innenstädte der großen europäischen Metropolen prägten. Wer genau hinsieht, entdeckt die Symmetrie der gewaltigen Anlage, die aus zwei gleichen Teilen besteht, die ursprünglich von der Sächsischen und der

Preußischen Staatseisenbahn betrieben wurden. Stille wird man hier nicht finden. Tag für Tag kommen etwa 150 000 Menschen in diesen Bahnhof, keineswegs nur als Reisende, sondern auch, um hier einzukaufen, denn seit 1997 ist das historische Gebäude auch ein riesiges Einkaufszentrum. Auf drei Etagen gibt es etwa 140 Geschäfte und Restaurants, sodass man auf den Gedanken kommen könnte, der Eisenbahnbetrieb sei eigentlich nur noch eine Nebensache.

Wenn wir eine der beiden großen Freitreppen hinabsteigen und die Halle durchqueren, liegt Leipzigs Innenstadt direkt vor uns. Der Bahnhof würde gut zu Paris passen, denn für Leipzig erscheint er eigentlich ein paar Nummern zu groß. Nur sagen sollte man das hier nicht, denn die Leipziger sind stolz auf das riesige Bauwerk. Sie würden auch nie auf die Idee kommen, dass Leipzig keine wirklich große Stadt ist. Und was den Vergleich mit Paris angeht, den hatte immerhin Goethe schon gezogen. Im „Faust I" ließ er den Frosch in „Auerbachs Keller" sagen: „Wahrhaftig, du hast recht! Mein Leipzig lob' ich mir! Es ist ein klein Paris, und bildet seine Leute." Immerhin sagte er klein Paris, aber so gern dieses Zitat auch bemüht wird, wirklich beurteilen konnte sein Verfasser das nicht. Denn Goethe kannte zwar Leipzig sehr gut, ist aber zeitlebens nie in Paris gewesen.

Mit etwa 500 000 Einwohnern ist Leipzig natürlich eine Großstadt, aber keine Metropole, was nicht heißen soll, dass es hier nur beschaulich zuginge. Im Gegenteil: Da sich die Innenstadt innerhalb des ehemaligen Promenadenrings konzentriert, herrscht hier fast immer viel Leben. Touristen, Studenten, Geschäftsleute und viele Einheimische, die zum Einkaufen kommen, bevölkern das quirlige Stadtzentrum, in dem es aber dennoch ein paar Winkel gibt, die abseits des allgemeinen Getriebes liegen. Ruhe finden kann man zum Beispiel in der Nikolaikirche, die dazu einlädt, sich nicht nur der länger zurückliegenden, sondern auch der jüngsten deutschen Geschichte zu erinnern. Auch am eindrucksvollen Denkmal der Leipziger Synagoge oder beim Spaziergang durch das nicht weit vom Zentrum entfernte Waldstraßenviertel können wir dem lauten Getriebe der Stadt entkommen und zugleich viel über ihre Vergangenheit erfahren.

Lassen Sie uns aber zuerst einen Überblick von oben gewinnen. Vom Hauptbahnhof über die Goethestraße zum Augustusplatz sind es nicht viel mehr als fünf Minuten. Oper, Neues Gewandhaus und der anlässlich des 600-jährigen Jubiläums der 1409 gegründeten Universität neu gestaltete Universitätskomplex geben dem Augustusplatz sein heutiges Gepräge. Bis 1968 stand hier die Universitätskirche St. Pauli, eine der bedeutendsten gotischen Hallenkirchen Mitteldeutschlands und das einzige Gebäude am Augustusplatz, das die Bombardements des Zweiten Weltkriegs nahezu unversehrt überstanden hatte. Trotzdem wurde sie am 30. Mai 1968 auf Befehl des damaligen SED-Chefs und Staatsratsvorsitzenden Walter Ulbricht in die Luft gesprengt, denn eine Kirche hatte seiner Meinung nach am Karl-Marx-Platz, wie der Augustusplatz zur DDR-Zeit hieß, keine Daseinsberechtigung. Stattdessen entstand an derselben Stelle das Hauptgebäude der Universität, über dessen Eingang ein monströses Karl-Marx-Relief zu sehen war.

Inzwischen sind die Gebäude der Ulbricht-Ära größtenteils abgerissen und durch den keineswegs unumstrittenen neuen Campus nach einem Entwurf des niederländischen Architekten Erick van Egeraat ersetzt worden. Zu dem von vielen Leipzigern gewünschten Wiederaufbau der Universitätskirche kam es nicht, zumindest erinnert aber die neue Aula in ihren Formen, Dimensionen und manchem geborgenen Detail an das zerstörte Bauwerk.

Geblieben ist das ehemalige Universitätshochhaus, das im Volksmund Uni-Riese oder Weisheitszahn genannt wird. Das 142,5 Meter hohe Gebäude, bis zur Antennenspitze misst es sogar 155,40 Meter, wurde 1968 bis 1972 von dem DDR-Staatsarchitekten Hermann Henselmann erbaut, dient aber schon lange nicht mehr der Universität. Heute befinden sich hier unter anderem Büros des Mitteldeutschen Rundfunks und der Hauptsitz der Europäischen Strom- und Energiebörse EEX. Auf dem unteren Teil des steil aufschwingenden Dachs gibt es auf 130 Metern Höhe eine Aussichtsplattform, die zwar ein beliebtes Touristenziel ist, aber am frühen Vormittag und auch in den späten Abendstunden nur wenig besucht wird (im Sommer von 10 bis 23, im Winter bis 22 Uhr geöffnet). Die Chance, dass man hier oben allein und ungestört Leipzig aus der Vogelperspektive betrachten kann, ist jedenfalls groß. So treten wir an die Brüstung und schauen nach Norden über die Oper und den Schwanenteich zum Hauptbahnhof, dessen gewaltige Ausmaße sich eigentlich erst jetzt richtig erschließen. Im Westen sehen wir die Innenstadt mit den Türmen von St. Nikolai und St. Thomas, erkennen das Alte und das Neue Rathaus und im Südwesten die Kuppel des ehemaligen Reichs- und heutigen Bundesverwaltungsgerichts. Wir sehen, wie grün die Stadt ist, nicht nur im Rosental, wir entdecken die Silhouette des Völkerschlachtdenkmals und die goldene Kuppel der Russischen Kirche. Ein lauer Wind weht uns ins Gesicht, der Lärm der Stadt dringt nur als diffuses Rauschen bis nach oben. Hier ist ein guter Platz, sich auf die Stadt einzustimmen, auf die allseits bekannten Sehenswürdigkeiten, aber auch auf stille Straßen, Plätze, Häuser, Kirchen, Friedhöfe und Parks.

In diesem Buch wird selbstverständlich auch von den Hauptsehenswürdigkeiten berichtet. Es lädt aber vor allem dazu ein, die ausgetretenen Touristenpfade dann und wann zu verlassen, um die eher etwas verborgenen Schönheiten der alten sächsischen Messestadt kennenzulernen: geschichtsträchtige Orte, idyllische Winkel, reizvolle Ausblicke, Häuser, die Geschichten erzählen. Wer sich darauf einlässt, wird die Stadt vielleicht bald mit anderen Augen sehen.

Mittendrin, und doch entrückt:
Am Schwanenteich

Der Verkehr ist laut. Vom Georgiring hört man die Sirene eines Notarztwagens. Auf der Goethestraße hat sich
eine Autoschlange gebildet, weil vorn am Augustusplatz ein Baufahrzeug rangiert und die Straße minu-
tenlang blockiert. An der Zentralhaltestelle auf dem
Willy-Brandt-Platz verscheuchen die Straßenbahnen
ärgerlich bimmelnd leichtsinnige Fußgänger, die vom
Hauptbahnhof kommend schnell noch die Gleise überqueren. An diesem heißen Montagnachmittag wird
viel gebremst, gehupt und geschimpft. Doch das alles
geschieht in einiger Distanz und ist hier nur noch
gedämpft zu vernehmen. Wir registrieren es, aber es
stört uns nicht, wir sind mitten in der Stadt, blicken
auf die stattlichen Häuser der Goethestraße, auf die
Oper und auf das ehemalige Uni-Hochhaus mit seinem
himmelwärts schwingenden Dach, und fühlen uns

doch merkwürdig entrückt. Von Bäumen und Büschen umgeben sitzen wir auf einer Bank, vor uns ein Teich, auf dem eine Entenmutter ihren Küken Schwimmunterricht erteilt. Auf der Wiese sonnt sich eine blonde Medizinstudentin, die eine Decke ausgebreitet hat, neben sich das längst wieder zugeklappte Anatomielehrbuch.

Am östlichen Eingang der Parkanlage steht an der Goethestraße ein Porphyr-Obelisk, der an den Bau der ersten deutschen Ferneisenbahn erinnert. An seiner Westseite trägt er die Inschrift „Leipzig-Dresdner Eisenbahn". Dieses Eisenbahndenkmal, wie es in Leipzig genannt wird, erinnert an eine verkehrstechnische Pioniertat, an die Eisenbahntrasse, die 1839 zwischen den 120 Kilometer voneinander entfernt liegenden sächsischen Großstädten eröffnet wurde. Das von dem bedeutenden Nationalökonomen Friedrich List 1833 angestoßene Eisenbahnprojekt traf Mitte des 19. Jahrhunderts auf so viel Begeisterung, dass der Leipziger Bankier Wilhelm Seyfferth, der zu den Initiatoren gehörte und bis zur Verstaatlichung 1876 Vorsitzender der Leipziger „Eisenbahn-Compagnie" war, den Obelisken auf eigene Kosten herstellen ließ und ihn im Oktober 1878 feierlich der Stadt Leipzig übergab.

Der Schwanenteich ist ein Refugium der Beschaulichkeit mitten im Getriebe. Hier, und vielleicht nur hier, hat sich Leipzig etwas von seiner biedermeierlichen Idylle bewahrt, die uns auf Gemälden und Stichen aus der Mitte des 19. Jahrhunderts vertraut ist. Vom nahen Krochhochhaus schlagen die Glockenmänner, die denen des venezianischen Uhrenturms nachgebildet sind und hier schon seit 1928 Dienst tun, die fünfte Stunde. Der Schatten, den das Opernhaus wirft, das die Parkanlage zum Augustusplatz hin abgrenzt, wird länger. Zwei Mütter mit Kinderwagen suchen sich eine leere Bank, ein Teenager-Pärchen schlendert Händchen haltend an der Richard-Wagner-Büste vorbei, die man für den in Leipzig geborenen Komponisten 1983 hier aufgestellt hat – eine Hommage zum 100. Todestag.

Die Schwanenteichanlage ist der schönste Rest des alten Promenadenrings. Nur einen Steinwurf entfernt, vis-à-vis dem Hauptbahnhof, steht in einem weiteren Überbleibsel des einstigen Grüngürtels das quaderförmige Müller-Denkmal, das die Leipziger 1801 einem ihrer bedeutendsten Bürgermeister gesetzt haben. Carl Wilhelm Müller (1728–1801) hatte nicht nur die Idee, im alten Gewandhaus einen Konzertsaal einzurichten, woraus sich die später weltberühmte Institution entwickelte, er war es auch, der den Architekten Johann Carl Friedrich Dauthe damit beauftragte, anstelle der nicht mehr benötigten alten Stadtbefestigung zwischen Halleschem und Grimmaischem Tor eine Gartenanlage im englischen Stil anzulegen. Ein Rest des alten Stadtgrabens blieb als Schwanenteich erhalten, gleich daneben ließ Dauthe den sogenannten Schneckenberg aufschütten. Auf dieser Anhöhe im sonst so flachen Leipzig soll der patriotische Dichter Theodor Körner am 24. April 1813 gesessen und den Text des später von Carl Maria von Weber vertonten Liedes „Lützows wilde Jagd" geschrieben haben. Es beginnt mit der folgenden Strophe:

Was glänzt dort vom Walde im Sonnenschein?
Hör's näher und näher brausen.
Es zieht sich herunter in düsteren Reihn,
Und gellende Hörner schallen darein,
Erfüllen die Seele mit Grausen.
Und wenn ihr die schwarzen Gesellen fragt:
Das ist Lützows wilde, verwegene Jagd.

Das Lied, das im Lauf des 19. Jahrhunderts ungemein populär wurde, endet mit der sechsten Strophe:

Die wilde Jagd und die deutsche Jagd
Auf Henkersblut und Tyrannen!
Drum, die ihr uns liebt, nicht geweint und geklagt!
Das Land ist ja frei, und der Morgen tagt,
Wenn wir's auch nur sterbend gewannen.
Und von Enkeln zu Enkeln sei's nachgesagt:
Das war Lützows wilde, verwegene Jagd.

Vier Monate und zwei Tage später war auch Körners wilde, verwegene Jagd vorbei: Bei einem Angriff des Lützowschen Freikorps auf napoleonische Truppen wurde der 21 Jahre alte Dichter am 26. August 1813 in der Nähe von Gadebusch in Mecklenburg von einer Kugel tödlich getroffen. Später wurde er als Nationalheld gefeiert.

Der Schneckenberg wurde 1864 abgetragen, um dort das Neue Theater errichten zu können. Nach dessen Zerstörung im Zweiten Weltkrieg entstand an derselben Stelle 1956–60 die Leipziger Oper, ein Gebäude, in dem sich der spätstalinistische Neoklassizismus auf recht glückliche Weise mit einer zurückhaltenden

Moderne verbindet. Doch das Opernhaus, das sich mit seiner Hauptfassade zum Augustusplatz öffnet, wendet dem Schwanenteich den Rücken zu. Wie ein großes Bühnenbild begrenzt es den Park, dessen Idylle durch nichts gestört wird.

Die blonde Studentin hat ihre Decke zusammengelegt und zusammen mit dem Anatomielehrbuch in ihren Rucksack gesteckt. Sie öffnet das Schloss ihres an eine Birke gelehnten Fahrrades, schwingt sich drauf, verlässt die Schwanenteichanlage in Richtung Goethestraße und taucht wieder ein ins Getriebe der Stadt.

Kommerz und Kultur:
In der Schalterhalle der Dresdner Bank

Wer vom Hauptbahnhof auf schnellstem Wege zum Augustusplatz möchte, nimmt die Goethestraße, die auf der Ostseite von der Schwanenteichanlage, im Westen aber von einer Zeile stattlicher, meist Anfang des 20. Jahrhunderts errichteter Geschäftshäuser gesäumt wird. In der Nummer 3–5 ließ sich die Dresdner Bank 1910/11 von dem namhaften Jugendstil-Architekten Martin Dülfer eine Filiale errichten, die einen Besuch lohnt, auch wenn man nicht Kunde dieses Geldinstituts ist. Nachdem man die Windfangtür passiert hat, betritt man die repräsentative helle Schalterhalle, die durch eine große Glasdeckenkonstruktion Tageslicht erhält. Auf schlanken Säulen ruht die umlaufende Galerie des Obergeschosses. Direkt gegenüber dem Eingang ist eine von zwei Skulpturen flankierte große Uhr zu sehen. In einem Leipziger Architekturführer wird vermerkt, dass die markanten Zackenformen, die Dülfer bei der Gestaltung der Schalterhalle verwendete, „bereits um 1910 die spätere Mode des Art Déco vorweggenommen haben". Zur DDR-Zeit wurde die Halle als Buchhandlung genutzt und war damit eine Kulturinstitution für die breite Öffentlichkeit. Hier gab es Lesungen und andere Veranstaltungen. Nach der Wende erhielt die Dresdner Bank das Gebäude zurück und ließ es in den Jahren 1995/96 mustergültig restaurieren.

Obwohl das Haus nun wieder in seiner ursprünglichen Form als Bank genutzt wird, erfüllt es dennoch eine darüber hinausgehende kulturelle Funktion. Jeder Interessierte kann diese bemerkenswerte Innenarchitektur ungestört besichtigen, und damit nicht genug: Direkt unterhalb der großen Uhr führt eine doppelläufige Treppe dort hinunter, wo Banken üblicherweise nur ihre Schließfach-Kunden hineinlassen: in den Tresorraum. Während sich die Schließfächer in einem abgetrennten Bereich befinden, den Zaungäste durch Schlitze in den Milchglastüren zumindest betrachten können, wird in dem großzügigen Vorraum regelmäßig Kunst präsentiert: Jahr für Jahr vergibt die Dresdner Bank ihren Kunstpreis „Ars Lipsiensis" an einen Meisterschüler der Leipziger Hochschule für Grafik und Buchkunst, der seine Arbeiten dann hier unten ausstellen kann.

Ein Besuch dieser Ausstellungshalle im Hochsicherheitsbereich einer Bank, in der man meistens allein ist, lohnt sich gleich mehrfach: einerseits aufgrund der außergewöhnlichen Architektur von Schalterhalle und Tresorraum und andererseits, weil man hier Einblicke in die junge Leipziger Kunstszene gewinnen kann. Schließlich hat die Neue Leipziger Schule inzwischen Weltruhm erlangt, und keine andere deutsche Kunsthochschule entlässt so viele erfolgreiche Absolventen wie die renommierte Leipziger Hochschule für Grafik und Buchkunst.

Schauplatz der Geschichte:
In der Nikolaikirche

„Nikolaikirche offen für alle" – dieses Schild stand in der späten DDR-Ära vor der Tür, eine Einladung an die „Mühseligen und Beladenen", an alle, die die bedrückenden Verhältnisse des realen Sozialismus nicht mehr ertragen konnten oder wollten. Aber die Leipziger Nikolaikirche war 1989 kein politisches Instrument, wie SED und Stasi vermuteten, keine „Schaltzentrale der Konterrevolution", sie verkörperte vielmehr die christliche Botschaft so, wie sie für ganz unterschiedliche Menschen in der Spätphase der DDR wichtig und verständlich war.

„Nikolaikirche offen für alle" – dieses Schild steht noch heute vor der Tür, und noch immer sind es ganz unterschiedliche Menschen, die diese Einladung annehmen. Christen, die hier Gottesdienst feiern. Friedensbewegte, die sich hier noch immer zu den Montagsgebeten treffen. Musikinteressierte, die Konzerte besuchen. Vor allem aber Touristen, für die die Nikolai- kirche zu den allerwichtigsten Sehenswürdigkeiten Leipzigs zählt, nicht nur, weil Bach hier gewirkt hat, nicht nur, weil hier zum Beispiel das Weihnachtsorato- rium erstmals erklang, sicherlich auch nicht in erster Linie aufgrund der in dieser Form einzigartigen klassi- zistischen Innenraumgestaltung, sondern vor allem, weil diese Kirche wie kein anderes Bauwerk, wie kein anderer Ort zum Symbol für die friedliche Revolution in der DDR geworden ist.

Treten wir also ein durch das Hauptportal in den Innenraum, der jeden unvorbereiteten Besucher er- staunen lässt, da er eben nicht mittelalterlich, nicht romanisch oder gotisch ist, sondern klassizistisch hell. Leipzigs älteste Kirche, die aus der zweiten Hälfte des 12. Jahrhunderts stammt, romanischen Ursprungs ist, später gotisch und barock umgebaut wurde, erhielt 1784−97 durch den Leipziger Stadtbaudirektor Johann Carl Friedrich Dauthe eine völlig neue und neuartige Innengestaltung. Dauthe streifte über die spätgotische Halle ein klassizistisches Kleid in Weiß, Apfelgrün und Rosétönen, überzog das Netzgewölbe mit einer stu- ckierten Kassettendecke und überformte die mittel- alterlichen Stützen zu kannelierten Säulen, die von Palmenwedeln bekrönt werden. Das Altarbild und mehr als 30 weitere Gemälde schuf Goethes Zeichen- lehrer, der Leipziger Akademiedirektor Adam Fried- rich Oeser.

Bis Ende des 18. Jahrhunderts hatte dieser Raum noch völlig anders ausgesehen, eine mittelalterliche Halle, die reich geschmückt war mit zahlreichen

Gemälden, von denen viele von Lucas Cranach d. Ä. und seiner Schule stammten. Beim klassizistischen Umbau waren die herausragenden Kunstwerke entfernt und auf den Dachboden verbannt worden, wo sie in Vergessenheit gerieten. Ihre Entdeckung im Jahr 1815, über die ein Goethe zugeschriebener Aufsatz im „Morgenblatt für gebildete Stände" berichtete, war ein deutschlandweit beachtetes Ereignis, das wesentlich zur Wiederentdeckung und neuen Wertschätzung der christlichen Kunst des Mittelalters im 19. Jahrhundert beigetragen hat. Insgesamt 25 altdeutsche Tafelbilder kamen damals wieder zum Vorschein, darunter „Christus am Kreuz mit Maria und Heiligen" von Nikolaus Eisenberg, eine Marien-Krönung vom Meister der byzantinischen Madonna sowie „Die Dreifaltigkeit" von Lucas Cranach. Heute befinden sich diese Gemälde im Stadtgeschichtlichen Museum und im Museum der bildenden Künste.

Nichts erinnert mehr im Innenraum daran, dass St. Nikolai ursprünglich eine mittelalterliche Kirche war. Trotz der vielen Menschen, die diesen merkwürdigen Raum Tag für Tag besuchen, ist es hier still. Niemand spricht laut, die meisten Besucher stehen schweigend im Gang, einige setzen sich und lassen diese Kirche auf sich wirken. Auch wir sollten auf einer der weiß lackierten Bänke Platz nehmen und zur Ruhe kommen.

Versetzen wir uns zurück in die Nachmittagsstunden des 9. Oktober 1989. Es ist ein Montag und jeder in der Stadt weiß, dass dieser Tag eine Entscheidung bringen wird, eine Entscheidung bringen muss. Michail Gorbatschow und die anderen Staatsgäste, die zwei Tage zuvor mit Erich Honecker und der SED-Spitze in

Ostberlin an einer gespenstischen, von Protesten
begleiteten Jubelfeier zum 40. Jahrestag der SED teilgenommen haben, sind längst wieder abgereist. Nun hat
Honecker freie Hand, kann „die Konterrevolution in
Leipzig" niederschlagen, „mit der Waffe in der Hand",
wie der Kommandeur einer paramilitärischen Truppe
zwei Tage zuvor in der „Leipziger Volkszeitung" ange-
droht hat. Schon am frühen Nachmittag ist die Nikolaikirche gefüllt, und es sind nicht nur Christen und
Demonstranten, sondern auch Menschen, die sonst nie
eine Kirche betreten: SED-Genossen und Stasi-Mitarbei-
ter, die man hierherbefohlen hat. Dicht an dicht stehen
die Menschen auf dem Nikolaikirchhof und allen
angrenzenden Straßen. Pfarrer Christian Führer und
die Mitglieder der Friedensgruppe Gohlis, die dieses
Friedensgebet gemeinsam gestalten, haben Mühe, sich
ihren Weg vom Pfarrhaus zur gegenüberliegenden Kirche zu bahnen. Gemeinsam sprechen sie die Seligprei-
sungen aus der Bergpredigt. Gleich zu Beginn verliest
Peter Zimmermann, ein Leipziger Universitätstheolo-
ge, einen Aufruf zur Gewaltlosigkeit, den außer ihm
und dem Gewandhauskapellmeister Kurt Masur und
dem beliebten Kabarettisten Bernd-Lutz Lange erstaun-
licherweise auch drei Sekretäre der SED-Bezirksleitung
unterzeichnet haben:

Unsere gemeinsame Sorge und Verantwortung haben uns heu-
te zusammengeführt. Wir sind von der Entwicklung in unse-
rer Stadt betroffen und suchen nach einer Lösung. Wir alle
brauchen einen freien Meinungsaustausch über die Weiterfüh-
rung des Sozialismus in unserem Land. Deshalb versprechen
die Genannten heute allen Bürgern, ihre ganze Kraft und

Autorität dafür einzusetzen, dass dieser Dialog nicht nur im Bezirk Leipzig, sondern auch mit unserer Regierung geführt wird. Wir bitten Sie dringend um Besonnenheit, damit der friedliche Dialog möglich wird.

Welche Sprengkraft dieser schlichte Text ungeachtet seiner vorsichtigen, beschwichtigenden Formulierungen tatsächlich hatte, lässt sich nur ermessen, wenn man sich die hochdramatische politische Situation der Oktobertage des Jahres 1989 vor Augen führt. Obwohl es um die „Weiterführung des Sozialismus in unserem Land" ging und ein Dialog mit der Regierung erbeten wurde, musste dieser Text den SED-Machthabern als Verrat erscheinen, auch oder gerade, weil drei ihrer eigenen Funktionäre ihn mit unterschrieben hatten. Noch am Tag zuvor wäre für die SED ein friedlicher Dialog mit Andersdenkenden völlig unvorstellbar gewesen. Allen in der Kirche ist klar, dass sich dieser Appell zur Besonnenheit weniger an die ohnehin friedlichen Demonstranten, sondern vor allem an die „bewaffneten Organe" richtet, die überall in der Stadt präsent sind. Und diese können die Ohren vor diesem Appell nicht einfach verschließen, denn der Text, den Kurt Masur im Studio des Senders Leipzig wenige Stunden zuvor auf Band gesprochen hat, ist gleich mehrfach aus den Lautsprechersäulen des „Leipziger Stadtfunks" zu hören.

Nach dem Ende des Friedensgebets haben die Besucher Mühe, die Kirche wieder zu verlassen, denn alle umliegenden Straßen sind überfüllt. Erst langsam, nach und nach, setzt sich der Zug in Bewegung. Die Demonstranten halten Kerzen in den Händen, singen

„We shall overcome", „Dona nobis pacem" und die
erste Strophe der „Internationale". Warum die „Internationale"? Weil es da heißt: „Die Internationale er-
kämpft das Menschenrecht." Jeder, der dabei ist, spürt
deutlich, dass dies ein historischer Abend, eine historische Nacht werden wird, wie immer es auch ausgeht.
Werden die Soldaten, die am Hauptbahnhof auf ihren
Einsatzwagen warten, heute schießen? Werden die jungen Bereitschaftspolizisten mit Schlagstöcken auf die
Menge losgehen? Werden sie ihre Hunde auf die Menschen hetzen? Werden die Angehörigen des Stasi-Wach-
regiments, die in voller Bewaffnung in der „Runden
Ecke", der Bezirksverwaltung der Stasi, warten, die
erste Reihe der Demonstranten unter Feuer nehmen?
Das alles ist möglich, es ist sogar wahrscheinlich.

Wer kann heute ermessen, wie viel Verzweiflung,
wie viel Entschlossenheit, vor allem aber wie viel Mut
damals notwendig war, um mit nichts als einer brennenden Kerze in der Hand die schützenden Mauern
dieser Kirche zu verlassen und sich der Macht einer
Diktatur entgegenzustellen? Heute wissen wir, wie dieser denkwürdige 9. Oktober 1989 verlaufen ist. Wir wissen, dass es der Tag der Entscheidung war. Der Tag, an
dem die Friedfertigen die Mächtigen besiegt haben.
Pfarrer Christian Führer sagte später in einem Interview: „Als an diesem Abend der Demonstrationszug
am Gewandhaus vorbeizog und alles friedlich verlief,
war die DDR nicht mehr die, die sie am frühen Morgen
gewesen war. Die Panzer zogen sich zurück. Horst Sin-
dermann, Mitglied des Zentralkomitees der SED, sagte
später: ‚Wir hatten alles geplant. Wir waren auf alles
vorbereitet. Nur nicht auf Kerzen und Gebete.' Das war

ein ungeheurer Vorgang. Die Menschen haben die Worte aus Jesus' Bergpredigt Wirklichkeit werden lassen, ohne Gewalt. Sie haben an diesem Tag ein neues Selbstbewusstsein entwickelt. Sie riefen: Wir sind das Volk! Ihr Polizisten, für wen steht ihr eigentlich hier? Wenn jemals ein Wunder geschehen ist, dann dies."

Christian Führer ist auch im wiedervereinigten Deutschland mutig und unbequem geblieben, hat seine Stimme gegen soziales Unrecht und Fehlentwicklungen in den neuen Bundesländern, aber auch gegen den Irakkrieg erhoben. Als Anfang 2006 zwei im Irak tätige Leipziger Ingenieure entführt wurden, hat er Gebete und Mahnwachen organisiert. Am 30. März 2008 hielt er seinen Abschiedsgottesdienst, danach trat er in den Ruhestand. Die Friedensgebete finden aber nach wie vor jeden Montag um 17 Uhr statt. St. Nikolai ist eine lebendige Kirche, ein weltberühmtes Denkmal, ein Symbol, ein geschichtsträchtiges Bauwerk – und ein Ort der Stille, mitten im Getriebe der Leipziger Innenstadt.

Oase am Rande des Zentrums:
Der Schillerpark

Zwei Geschäftsleute mit Aktentaschen laufen achtlos an dem Dichter vorbei. Mehrere Studenten haben es eilig, sie rennen Richtung Moritzbastei und Universität. Werden sie ihre Vorlesung noch pünktlich erreichen? Auf einer Bank sitzt ein älterer Herr in grauem Anzug und mit weißem Haar. Er zieht eine Tüte mit altem Brot aus der Tasche und ist im Nu von Tauben und Spatzen umlagert. Als die Tüte leer ist, fliegen die Vögel wieder davon. Eine Taube setzt sich auf den Kopf von Friedrich Schiller, der in weißem Marmor leuchtet. Das Denkmal, das der Leipziger Bildhauer Johannes Hartmann schuf, wurde 1914 eingeweiht. Es befindet sich im südöstlichen Teil des Promenadenrings, der daher im Volksmund „Schillerpark" genannt wird.

Die respektlose Taube bricht ein wenig das Pathos des 4,5 Meter hohen Marmormonuments, an dessen

Sockel sich die fast nackten lebensgroßen Figuren eines Mannes und einer Frau schmiegen. Die Rollen sind klar verteilt: Der Mann symbolisiert die Erhabenheit, die Frau die Tragik. Schiller selbst, dessen Büste das Denkmal bekrönt, schaut mit merkwürdig leerem Blick Richtung Westen.

Bei seinem Leipzig-Aufenthalt im Jahr 1785 konnte der Dichter hier übrigens noch nicht spazieren gehen. Damals befand sich an diesem Ort der Petersgraben, ein Teil der Stadtbefestigung. Erst nachdem Mitte des 19. Jahrhunderts die alte Wehranlage überflüssig geworden und der Graben verfüllt worden war, beauftragte der Rat der Stadt den bedeutenden Gartengestalter Peter Joseph Lenné, das Gelände in einen Park zu verwandeln. Lennés Schüler, der Leipziger Ratsgärtner Otto Wittenberg, schuf 1858/59 einen kleinen Park, der – noch ganz im Stil der romantischen Gartenkunst des frühen 19. Jahrhunderts – von bogenförmigen Wegen durchzogen wird. Die Anlage musste 1859 fertig werden, denn sie sollte sozusagen ein Geschenk zu Schillers 100. Geburtstag werden.

Wer heute hier spazieren geht, findet neben dem unübersehbaren Schiller-Monument am Nordrand des Parks Büsche und Bäume, die sich mit Rasenflächen abwechseln, und immer wieder reizvolle Durchblicke. Am östlichen Teil, unweit der Moritzbastei, steht das Robert-Schumann-Denkmal. Der drei Meter hohe Obelisk aus poliertem grauem Syenit wurde 1875 hier aufgestellt und gilt als weltweit erstes Denkmal für den Komponisten. Besonders glücklich war Schumann in Leipzig zunächst nicht gewesen, denn das Jura-Studium, das er hier 1828 aufgenommen hatte, entsprach in Wahrheit gar nicht seinen Neigungen. Doch in Leipzig lernte er schließlich auch den Musikpädagogen Friedrich Wieck und – vor allem – dessen Tochter Clara, seine spätere Frau, kennen. In dem noch heute bestehenden Gasthaus „Zum Arabischen Coffe Baum" traf sich Schumann mit anderen jungen Künstlern, die sich zu dem Geheimbund der „Davidsbündler" zusammengeschlossen hatten. Die Eheschließung mit Clara Wieck erwies sich übrigens als außerordentlich schwierig, da der Vater seine – damals noch notwendige – Zustimmung beharrlich verweigerte. Mehr noch: Friedrich Wieck untersagte seiner Tochter jeden Kontakt mit Schumann und setzte dieses Verbot rigoros durch. Daher musste das junge Paar die Eheschließung sogar gerichtlich erstreiten. Am 12. September 1840 heirateten Robert Schumann und Clara Wieck, die damals schon eine europaweit gefeierte Pianistin war, in der Kirche des Dorfes Schönefeld, das heute ein Leipziger Stadtteil ist. Die Leipziger Zeit endete für Schumann nicht glücklich. Nachdem sich 1844 seine Hoffnungen zerschlagen hatten, als Nachfolger von Felix Mendelssohn Bartholdy Gewandhauskapellmeister werden zu können, ging er nach Dresden.

Ein drittes, nur unweit entfernt gelegenes Denkmal ist einem heute weitgehend vergessenen Leipziger Bürgermeister gewidmet. Auf einem hohen Postament aus weißem Marmor steht die Büste von Carl Wilhelm Otto Koch (1810–1876). „Errichtet von der dankbaren Stadt" ist am oberen Sockel eingemeißelt. Dankbar war offenbar vor allem der Kaufmann Ferdinand Rhode (1802–1872), der bereits vier Jahre vor Koch gestorben war, testamentarisch aber die Errichtung des Denkmals angeregt hatte. Allerdings sollte es noch bis 1899 dauern, bis das Memorialmonument, dessen Entwurf der viel beschäftigte Leipziger Bildhauer Carl Ludwig Seffner lieferte, hier aufgestellt wurde. 1996 war die Büste durch Umwelteinflüsse so stark beschädigt, dass sie durch eine Kopie ersetzt werden musste. Koch, der würdig und ernst von seinem Sockel herabblickt, war einer der einflussreichsten Leipziger Politiker des 19. Jahrhunderts. Als Abgeordneter des Kreises Borna gehörte er dem Frankfurter Paulskirchenparlament an, war jahrzehntelang Mitglied des Sächsischen Landtags und amtierte 27 Jahre lang als Leipziger Bürgermeister. Seiner klugen Haushaltsführung verdankte es die Stadt, dass sie 1858 schuldenfrei war. Solche Tugenden wurden im 19. Jahrhundert offenbar so hoch gehalten, dass man denen, die sie erfolgreich vertraten, sogar Denkmäler setzte.

Doch heute weiß kaum jemand mehr, wer Koch war und was er als Bürgermeister tat. Die meisten Menschen laufen rasch vorbei, haben es eilig. Andere suchen in dem kleinen Park ein wenig Erholung nach einem anstrengenden Einkaufsbummel in der unmittelbar benachbarten Innenstadt. Der Schillerpark ist ein guter Platz, um auszuruhen. Touristen können ihre Besichtigungstour für eine Viertelstunde unterbrechen, auf einer Bank Platz nehmen, die Eindrücke auf sich wirken lassen und die Taube beobachten, die sich mit Vorliebe und ganz ohne Respekt auf Schillers Haupt niederlässt.

140 leere Stühle:
Erinnerung an eine Synagoge

140 leere Stühle erinnern an Menschen, die früher ganz selbstverständlich in dieser Stadt gelebt haben. An Menschen, die zu Leipzigs Wohlstand beigetragen und seine Kultur geprägt haben und die später verfolgt, verschleppt und ermordet wurden. 1871, im Jahr der Reichsgründung, lebten 1739 Juden in der Messestadt, im Jahr 1900 waren es 6176, 1925 insgesamt 12 594. Als der Holocaust im Mai 1945 endlich vorüber war, gab es noch 14 Juden in Leipzig. Mit etwa 1200 Mitgliedern hat Leipzig heute wieder die größte Gemeinde innerhalb von Sachsen.

An der Gottschedstraße in Sichtweite der Thomaskirche erbaute sich Leipzigs jüdische Gemeinde 1855 ihre große Synagoge, die 1280 Sitzplätze hatte und insgesamt etwa 2000 Besucher fasste. Ähnlich wie eine Kirche verfügte dieses Gotteshaus, das im maurischen

Stil gestaltet war, über eine Kanzel und eine Orgel. Orthodoxe Juden hätten so etwas nie akzeptiert, aber der Tempel, wie das eindrucksvolle Bauwerk in Leipzig allgemein genannt wurde, gehörte der liberalen Reformgemeinde, die sich solchen Neuerungen nicht verschloss.

Der bedeutende jüdische Historiker Helmut Eschwege, der den Holocaust als Emigrant in Palästina überlebte, nach Kriegsende nach Deutschland zurückkehrte und in der DDR immer wieder Schikanen und Demütigungen ausgesetzt war, schrieb 1980 in seinem Standardwerk „Die Synagoge in der deutschen Geschichte" über das Leipziger Gebäude: „Dieser Synagogenbau war besonders schwierig, da das vorhandene Grundstück dreieckig und nicht besonders groß war. Der Bau gruppierte sich um das Mittelschiff. Die Apsis für den heiligen Schrein lag genau an der Spitze des dreieckigen Komplexes und war recht interessant in Hufeisenform gestaltet. Eine Art Triumphbogen trennte den Raum der Betenden von der Estrade mit Almemor [Pult für die Thoralesung], Vorbeterpult und Thoralade. Am nördlichen Pfeiler dieses Triumphbogens war die mit einer orientalisierenden Kuppel überdachte Kanzel angebracht. Im Inneren war der gesamte Raum bunt ausgemalt. Vom Eingang bis zur Thoralade hatte der Architekt Simonson bewusst eine systematische ästhetische Steigerung einkalkuliert, dies auch unter Zuhilfenahme der einfallenden Lichtreflexe durch Fenster in unterschiedlicher Höhe, Oberlicht und Fensterrosen. Der Vorhang vor der Thoralade wie auch die hoch liegenden Fenster des Mittelschiffs wiesen auf Vorbilder im Tempel in Jerusalem hin."

Es muss ein großartiges Gebäude gewesen sein, das
dem Leipziger Stadtbild in unmittelbarer Nähe zum
Zentrum einen orientalischen Akzent verlieh. Bis zu
Beginn der NS-Zeit gab es in Leipzig zahlreiche weitere
Synagogen. Sie waren oft nach den osteuropäischen
Herkunftsstädten jener Juden benannt, die in Leipzig
eine neue Heimat gefunden hatten. 1938 wurden sie
zwangsweise geschlossen, ihrer Ausstattung beraubt
und in Lagerräume oder kleine Gewerbebetriebe
umgewandelt. In der Pogromnacht vom 9. zum 10.
November 1938 kam es zur Zerstörung von drei Leipziger Synagogen. Neben der reformierten Synagoge auf
der Gottschedstraße verwüstete der Nazi-Mob die Ez-
Chaim-Synagoge, die als größte orthodoxe Synagoge
Sachsens erst 1922 errichtet worden war, und die
1925–27 von dem Architekten Wilhelm Haller auf dem
neuen jüdischen Friedhof erbaute Feierhalle. Erhalten
geblieben ist nur die ehemalige Brodyer Synagoge auf
der Keilstraße 4, die die Nazis während der „Kristall-
nacht" zwar verwüsteten, aber nicht anzündeten. Da
sie in einem Wohnhaus untergebracht war, befürchte-
ten die Schlägertrupps, dass durch eine Brandstiftung
auch „arische Volksgenossen" hätten gefährdet werden können. Die später mehrfach restaurierte Synagoge wird noch heute von der jüdischen Gemeinde
genutzt.

140 leere Stühle aus Edelstahl, die innerhalb der
900 Quadratmeter großen, von Ligusterpflanzen
bewachsenen Fläche der verschwundenen Synagoge so
aufgestellt sind, wie früher hier Stühle gestanden
haben, bilden ein eindringliches Mahnmal. Sie erinnern an ein Verbrechen und einen Verlust. Viele Juden

waren Anfang des 20. Jahrhunderts aus Osteuropa vor Pogromen und Verfolgungen nach Leipzig geflohen, hatten hier eine neue Heimat gefunden und an eine Zukunft geglaubt. Sie arbeiteten als Wissenschaftler, als Musiker, als Geschäftsleute, Anwälte, als Ärzte, aber auch als einfache Arbeiter. Sie trugen zum wirtschaftlichen Aufschwung der Stadt bei und machten sie unter anderem zum weltweit wichtigsten Pelzhandelsplatz. Der Mord an den Juden hat Leipzig ärmer gemacht, kulturell, wirtschaftlich, menschlich. Es hat lange gedauert, bis sich die Stadt dieses Verbrechens erinnerte – jenseits der staatlich verordneten Gedächtnisfeiern für die „Opfer des Faschismus". Es waren Bürger wie der Leipziger Kabarettist Bernd-Lutz Lange, der in den 80er-Jahren des 20. Jahrhunderts damit begann, nach jüdischen Spuren in seiner Heimatstadt zu suchen. Lange schrieb darüber und setzte sich dafür ein, dass 1988, am 50. Jahrestag des Novemberpogroms, im Ausstellungsraum der Universität eine Ausstellung zur Geschichte der Juden in Leipzig eröffnet werden konnte.

An der Gottschedstraße erinnerte seit 1966 nur ein schlichter Gedenkstein an das Schicksal der Leipziger Juden. 1994 beschlossen die Stadtverordneten die Errichtung einer Gedenkstätte. Realisiert wurde 2001 ein Projekt der beiden Leipziger Architekten Anna Dilengite und Sebastian Helm. „Man darf sich nicht nur auf die Stühle setzen. Es ist sogar gewollt, dass die Leute hier Platz nehmen", sagt Helm. Gehen wir also vorbei an den Erläuterungstafeln, die in Deutsch, Englisch und Hebräisch die Geschichte des Ortes erzählen, und nehmen Platz auf einem der Stühle. Am Dittrich-

ring braust der Verkehr vorüber, eilige Menschen laufen durch die Gottsched- und die Zentralstraße. Es ist
laut und doch still. Fast scheint es, als sei dieser Platz
von einer unsichtbaren Mauer umgeben. Man kann die
Augen schließen und sich den Raum vorstellen, der die
Stuhlreihen einst umschloss. Dann sieht man Menschen, die sich hier zum Gebet versammelten, meint
ihre Gesänge und Gespräche zu hören – und ist doch
allein.

Hommage an den Thomaskantor:
Am alten Bach-Denkmal

Im Chor der Thomaskirche befindet sich das Grab von Johann Sebastian Bach. Ob der Thomaskantor, der bei seinem Tod im Jahr 1750 keineswegs schon weltberühmt war, sondern eigentlich nur als Lokalgröße galt, tatsächlich unter der Bronzeplatte mit seinem Namen liegt, ist freilich keineswegs sicher. Beigesetzt hatte man ihn im Johanniskirchhof vor dem Grimmaischen Tor außerhalb der Stadtmauern. Seine Grabstätte geriet bald in Vergessenheit.

Im Jahr 1836 machte sich der Komponist Robert Schumann auf die Suche nach dem Grab. In einem Brief aus Leipzig schrieb er: „Eines Abends ging ich nach dem Leipziger Kirchhof, die Ruhestätte eines Großen aufzusuchen; viele Stunden lang forschte ich kreuz und quer, und ich fand kein ‚J. S. Bach‘ –, und als ich den Totengräber danach fragte, schüttelte er ob der

Obskurität des Mannes den Kopf und meinte, Bachs
gäbs viele." Erst Ende des 19. Jahrhunderts suchte man
auch amtlicherseits das Grab, glaubte es auch gefunden zu haben und ließ das vermeintliche Bach-Skelett
von dem Anatomen Wilhelm His untersuchen, der
wunschgemäß die Identität feststellte. Die Gesichts-
rekonstruktion, die er an dem Schädel vornahm, zeigte eine geradezu verblüffende Ähnlichkeit mit dem
einzigen authentischen Bach-Porträt, dem 1746/48 von
Elias Gottlob Haußmann geschaffenen Bildnis, dessen
Original im Leipziger Stadtmuseum im Alten Rathaus
hängt. Bach bekam 1897 in der Gruft der Johanniskirche neben dem Dichter Christian Fürchtegott Gellert
einen Ehrenplatz. Nachdem die Kirche im Zweiten
Weltkrieg zerstört worden war, bettete man den Thomaskantor im Jahr 1950 anlässlich seines 200. Todes-
tags um und brachte ihn dorthin, wo er eigentlich von
vornherein hingehört hätte: an seine Hauptwirkungs-
stätte, in die Thomaskirche.

Da liegt er nun, und wir alle sind gern bereit zu
glauben, dass es wirklich Bach ist, dem hier Tag für Tag
Musikliebhaber und Touristen aus aller Welt huldigen.
Still ist es hier nicht, Touristen und Reisegruppen drän-
gen sich in die Kirche, betrachten den Altarraum mit
dem Grab und treten bald darauf wieder ins Freie. Bach
selbst würde den Innenraum nicht wiedererkennen,
da seine Thomaskirche im 19. Jahrhundert neugotisch
umgestaltet worden ist. Wenn wir uns vom Grab wieder umwenden und zur Westempore blicken, sehen
wir linkerhand im Schiff mehrere große Glasfenster
mit bildlichen Darstellungen. Neben Kaiser Wilhelm I.,
hier als Symbolfigur des Bündnisses von Thron und

Altar, und dem „protestantischen Glaubenshelden"
König Gustav Adolf von Schweden ist natürlich auch
Bach zu sehen. Das Fenster mit seinem Porträt stammt
aus dem Jahr 1895. Weniger selbstverständlich ist eine
andere Darstellung, die gestalterisch kaum aus dem
Rahmen fällt, dennoch aber ein Jahrhundert jünger ist
und gleichfalls viel mit Leipzig, mit Bach, mit seiner
Wiederentdeckung, leider aber auch mit antisemiti-
schen Angriffen zu tun hat. Das Fenster ist Felix Mendelssohn Bartholdy gewidmet, dem Komponisten, der
Mitte des 19. Jahrhunderts Bach wiederentdeckte und
damit die bis heute anhaltende Bach-Renaissance ein-
leitete. Wie Forschungen 1988 ergaben, sollte die Thomaskirche schon Ende des 19. Jahrhunderts ein Mendelssohn-Fenster bekommen. Verhindert wurde dieser
Plan durch eine Kampagne von Antisemiten, die es für
unzumutbar hielten, dass „der Jude Mendelssohn" in
einer christlichen Kirche geehrt würde. Erst als nach
der friedlichen Revolution von 1989 in der sächsischen
Kirchenzeitung „Der Sonntag" ein Artikel über die
damaligen Vorgänge erschien, wurde die Geschichte
bekannt – und führte schließlich dazu, dass dank eines
Sponsors das Mendelssohn-Fenster mit 100-jähriger
Verspätung doch noch in die Thomaskirche kam.

Aber verlassen wir die Kirche, lassen das „neue"
Bach-Denkmal, das so neu nicht ist, weil es bereits 1908
aufgestellt wurde, links liegen und gehen auf dem Tho-
maskirchhof in Richtung Dittrichring. Der Verkehr auf
dem Ring ist zwar laut, doch direkt davor befindet sich
eine kleine Parkanlage mit Bäumen, Büschen und Bän-
ken. Und hier steht, von einem schmiedeeisernen Zaun
umgeben, auch das alte Bach-Denkmal, das erste, das

jemals für diesen Komponisten aufgestellt wurde. Nehmen wir also auf einer der Bänke Platz, betrachten das Sandsteinmonument, das ein wenig an ein mittelalterliches Sakramentshäuschen erinnert und im oberen Bereich das Porträt des Komponisten zeigt, und denken uns zurück in das Jahr 1843:

Am 18. April dieses Jahres teilte der Gewandhauskapellmeister Felix Mendelssohn Bartholdy dem „Hochedlen und Hochweisen Rat der Stadt Leipzig" mit, dass das von dem Maler Eduard Bendemann entworfene Denkmal für Johann Sebastian Bach „am nächsten Sonntag, dem 23. des Monats, enthüllt" werden solle. Er fügte noch hinzu: „Ich beabsichtige, an demselben Tag früh um halb elf im Saal des Gewandhauses ein Konzert mit lauter Vocal- und Instrumentalkompositionen dieses unsterblichen Meisters zu geben, wozu mir diesen Morgen bereits die Erlaubnis gütigst erteilt worden ist; nach beendigtem Konzert, also zwischen 12 und 1 Uhr, dachte ich dann mit einem Teil des Sängerchors [...] zum Denkmal hinzugehen und nach Absingen eines Bachschen Chorals, dasselbe der Stadt als Eigentum zu übergeben."

Um das Geld zusammenzubekommen, hatte Mendelssohn eine ganze Reihe von Orgelkonzerten in der Thomaskirche gegeben und dort auch die Matthäuspassion aufgeführt. Nun stand der damals 34 Jahre alte Komponist vor dem von ihm initiierten und finanzierten Denkmal, seiner Hommage an den großen Vorgänger, hörte sich die pathetische Ansprache eines Leipziger Stadtrats an und dirigierte den von den Bläsern des Gewandhauses begleiteten Thomanerchor, der damals sein Domizil gleich nebenan hatte. Der Verkehr war bei weitem noch nicht so laut wie heute, vielleicht wird man von fern her eine Kutsche gehört haben. Sonst gab es nur Vogelgezwitscher und die Musik. Es war ein stiller Winkel nicht weit vom Markt entfernt und doch etwas entrückt. Hier hat Leipzig zum ersten Mal den Mann geehrt, der die Stadt bis heute weltberühmt macht.

Wir betrachten das Denkmal, das in seinem oberen Teil unter einem Giebel unter anderem Bach beim Orgelspiel und sein Porträtrelief zeigt. Trotz der Nähe zum tosenden Autoverkehr auf dem Dittrichring ist hier noch ein Hauch des biedermeierlichen Idylls von 1843 zu spüren. Das malerische Denkmal steht unter alten Linden, und man kann sich gut vorstellen, wie es hier an jenem Apriltag des Jahres 1843 gewesen ist, als der eine Komponist das Monument für einen anderen enthüllen ließ.

In Mendelssohns Garten

Als 26-Jähriger wurde Felix Mendelssohn Bartholdy 1835 zum Musikdirektor der Gewandhauskonzerte berufen, was für Leipzig ein Glücksfall war. Der herausragende Komponist und universell gebildete Künstler gab dem Leipziger Musikleben wichtige Impulse, gründete 1843 hier das erste deutsche Konservatorium (das heute seinen Namen trägt), stiftete das weltweit erste Bach-Denkmal (siehe vorangegangenes Kapitel) und dirigierte zahlreiche Uraufführungen eigener Werke. 1845 zog er mit seiner Familie in die Beletage des Gebäudes Goldschmidtstraße 12, eines stattlichen spätklassizistischen Mietshauses, das erst im Jahr zuvor erbaut worden war.

Vom Neuen Gewandhaus am Augustusplatz sind es höchstens fünf Minuten, bis wir die von Osten her in den Ring einmündende Goldschmidtstraße erreicht haben. Es ist ein Glücksfall, dass das Haus Nummer 12 die Umbrüche und Kriege der letzten anderthalb Jahrhunderte so gut überstanden hat. Das Gebäude sieht fast aus wie neu und beherbergt heute als Mendelssohn-Haus ein Museum, das dem Andenken des Komponisten gewidmet ist. Am linken steinernen Torpfosten des Eingangs zu Garten und Haus ist ein Medaillon mit seinem Porträt angebracht. Da es für die Familie Mendelssohn ein „Erstbezug" war, ließ sich bei der Rückführung der ersten Etage auf den historischen Urzustand die räumliche Situation der Wohnung recht genau rekonstruieren. Auf der Grundlage von schriftlichen und bildlichen Zeugnissen wurde die Wohnung so eingerichtet, dass man heute fast meint, ein privates Refugium zu betreten. Das Arbeitszimmer sieht so aus, als habe es der Komponist eben verlassen und könnte jeden Moment wiederkehren, um die Arbeit an seinem Oratorium „Elias" wieder aufzunehmen. Natürlich gibt es auch museal präsentierte Ausstellungsstücke und einen Kammermusiksaal im einstigen Musiksalon der Familie, dennoch wirkt die Gedenkstätte wie ein authentischer Erinnerungsort, was sie ja auch tatsächlich ist.

Geradezu idyllisch ist aber der Garten hinter dem Haus, der sich unabhängig von den Öffnungszeiten des Museums besuchen lässt. Nehmen wir auf einer der hübschen weißen Holzbänke Platz, die hier zwischen Rosenstöcken stehen, schauen über den Rasen hinüber zur Remise und genießen die Stille dieser Oase inmitten der Großstadt. Vielleicht stöpseln wir aber auch den iPod ins Ohr mit Mendelssohns e-Moll-Violinkonzert, das am 13. März 1845 im Leipziger Gewandhaus uraufgeführt wurde.

Der Arbeitsweg des Kapellmeisters war nicht weit, dennoch täuscht der erste Eindruck, denn das historische Gewandhaus, in dem Mendelssohn dirigierte, befand sich nicht am Augustusplatz, wo seit 1981 das Neue Gewandhaus steht. Aber auch für den Weg bis zum Städtischen Kaufhaus, dem Standort des alten Gewandhauses, dürfte Mendelssohn kaum mehr als zehn Minuten gebraucht haben. Anstelle dieses ältesten Leipziger Konzertsaals, der sich im ehemaligen Messehaus der Tuch- und Wollwarenhändler im Gewandgäßchen befand – daher der bis heute gebräuchliche Name Gewandhaus –, wurde 1882–84 an der Beethovenstraße ein neues Konzerthaus errichtet. Dieses markante Gebäude, dessen Akustik weltberühmt war, wurde im Zweiten Weltkrieg von Bomben getroffen. Obwohl es nur beschädigt war und durchaus hätte wiederaufgebaut werden können, ließen es die DDR-Behörden abreißen. Erst 1981 konnte das bis heute bestehende dritte Gewandhaus eingeweiht werden. Der moderne Saal, dessen Form ein wenig an Hans Scharouns Berliner Philharmonie erinnert, würde Mendelssohn sehr fremd und merkwürdig vorkommen, mit der Akustik wäre er jedoch wahrscheinlich sehr zufrieden. Und zumindest ein Detail käme ihm vertraut vor. An der Orgelempore befindet sich ein lateinischer Spruch, der bereits im ersten Gewandhaus zu lesen war: „Res severa verum gaudium." Dieses Zitat des römischen Philosophen, Dichters und Politikers Seneca ist der Leitspruch des berühmten Gewandhausorchesters. Übersetzt heißt es: „Die ernste Sache ist die wahre Freude."

Für den viel beschäftigten Komponisten dürfte es eine wahre Freude gewesen sein, sich in seinem Garten

zu erholen. Bereits 1685 hatte der Leipziger Ratsherr
Caspar Bose zwischen Johannisgasse, Talstraße, See-
burgstraße und Roßplatz einen prächtigen Barockgar-
ten anlegen lassen, in dem übrigens auch Konzerte veranstaltet wurden. 1823 kaufte der Buchhändler Karl
August Reimer den Großbosischen Garten, ließ ihn
parzellieren und vermietete die einzelnen Abteilungen
an Leipziger Bürger. 1843/44 entstand hier die damalige Königstraße, die seit 1947 Goldschmidtstraße heißt
und in der die Familie Mendelssohn 1845 ihr neues
Zuhause fand. Hinter dem Haus blieb ein Garten erhalten, dessen genaue Topografie zwar nicht überliefert
ist, der aber dennoch inzwischen rekonstruiert wurde
und heute sehr wahrscheinlich wieder so aussieht, wie
Mendelssohn ihn gekannt hat.

Viele Jahrzehnte lang gingen die Menschen achtlos
hier vorüber, das Gebäude war in schlechtem Zustand
und nichts erinnerte daran, dass einst darin einer der
bedeutendsten deutschen Komponisten gelebt hat und
am 4. November 1847 auch gestorben ist.

Erst nach der Wende bot sich die Chance, die einzige erhaltene Privatwohnung Mendelssohns zu rekonstruieren. Dass 1997 das Mendelssohn-Haus eröffnet
werden konnte, ist der Felix-Mendelssohn-Bartholdy-
Stiftung Leipzig und vielen privaten Stiftern und Spen-
dern zu verdanken. Ihre Namen finden sich auf Tafeln
rings um das Haus und in dem idyllischen Garten.

Der dritte Satz des e-Moll-Violinkonzerts ist inzwischen verklungen. Die letzten Besucher sind gerade
dabei, das Museum zu verlassen. In dem kleinen Garten, der von Hecken und dem restaurierten alten Gar-
tenhaus gerahmt wird, in dem sich ein Hörsaal des

Musikwissenschaftlichen Instituts der Leipziger Universität befindet, ist es still geworden. Eine Rose, die in zarten Rosétönen blüht, trägt den Namen des Komponisten. Auf einem kleinen gemauerten Sockel erhebt sich seine Büste, die 1997 von dem Bildhauer Felix Ludwig geschaffen wurde. Wahrscheinlich würde Mendelssohn dieses kleine Refugium gut gefallen. Er war ein Naturliebhaber, der auch gern zeichnete. Bei der Gestaltung des kleinen Gartens trug man der Tatsache Rechnung, dass er Fliederbüsche und Rosen besonders liebte.

Vom Grassimuseum
zum Alten Johannisfriedhof

Welcher Reichtum, welche Vielfalt, welche Kostbar-
keiten! Selbst den meisten Leipzigern ist wohl kaum
bewusst, was sich hinter den Mauern des Grassimuseums an Schätzen verbirgt. Dabei gibt es keinen anderen Ort in der Stadt, in dem man erfahren und erleben
kann, welche vielfältigen und wertvollen Sammlungen
Leipzigs Bürger im Laufe mehrerer Jahrhunderte
zusammengetragen haben. Das Grassimuseum verei-
nigt am Johannisplatz in Sichtweite des Augustusplat-
zes das Museum für Völkerkunde, das Museum für
Angewandte Kunst und das Museum für Musikinstrumente der Universität Leipzig in einem riesigen Gebäudekomplex, der schon mit der Berliner Museumsinsel
verglichen wurde. Wenn wir hineingehen, sollten wir
uns Zeit nehmen, sollten uns treiben lassen, stets
bereit, Erstaunliches zu entdecken: etwa die einzigarti-

ge Sammlung von Benin-Bronzen im Völkerkundemu-
seum, die größtenteils von dem Leipziger Afrikafor-
scher Hans Meyer Anfang des 20. Jahrhunderts erwor-
ben und dem Museum übereignet wurde. Oder im
Museum für Angewandte Kunst die kostbaren Wand-
bespannungen mit Chinesendarstellungen aus dem
längst verlorenen Rittergut Zehmen bei Leipzig, das
dem Braunkohleabbau zum Opfer fiel. Stundenlang
kann man hier durch meistens stille und recht men-
schenleere Räume flanieren und immer neue Kunstwerke, Gold- und Silberschätze, Porzellane und ganze
Raumarrangements bewundern. Ab und zu, wenn eine
Besuchergruppe oder eine Schulklasse kommt, wird es
lauter, doch schnell findet man wieder stille Räume,
die zu immer neuen Entdeckungen einladen. Im
Museum für Musikinstrumente zum Beispiel, in dem
mehr als 5000 europäische und außereuropäische
Instrumente aufbewahrt und gezeigt werden. Oft gibt
es auch die Möglichkeit, per Knopfdruck den Klang der
jeweiligen Geigen, Barockflöten oder Orgeln zu hören.

Franz Dominic Grassi (1801–1880), der Stifter und
Namensgeber des Museums, war eine stadtbekannte
Erscheinung. Der Kaufmann, der aus Mittelitalien ein-
gewandert war, lief stets mit Zylinder und Gehrock
durch die Stadt. Reich geworden war er durch den Han-
del mit russischen Waren wie Kaviar, mit Südfrüchten
und Indigo, aber auch durch das Geschick, mit dem er
Spekulationsgeschäfte einzufädeln verstand. Grassi
war ein Leipziger Original, aber ein sehr beliebtes. Oft
half er Mitbürgern, die in Not geraten waren. Er war
ein Kunstfreund und fehlte bei kaum einer Theaterpre-
miere. Die Leipziger nannten Grassi „Holznutscher",

da er fast ständig auf Zahnstochern kaute. Als er 1880 starb, bedachte er nicht nur seine Diener, Dienstboten und die zahlreichen Patenkinder mit großzügigen Vermächtnissen, sondern vererbte auch der Stadt Leipzig den unglaublichen Betrag von mehr als zwei Millionen Goldmark.

Damit ließ sich einiges anfangen. Neben der Erbauung des ersten, 1895 eröffneten Grassimuseums (heute ist in dem stattlichen Gebäude am Wilhelm-Leuschner-Platz die Stadtbibliothek untergebracht) reichte das Geld unter anderem auch noch für die Errichtung des zweiten Gewandhauses, das 1884 an der Ecke Grassistraße/Beethovenstraße eröffnet wurde, leider aber im Bombenkrieg verloren ging.

Als sich der Ursprungsbau des Grassimuseums, in dem das Völkerkunde- und das Kunstgewerbemuseum untergebracht waren, nach dem Ersten Weltkrieg als zu klein erwies, war sogar noch genug Geld für einen Neubau vorhanden. Er entstand von 1925 bis 1929 als umfangreicher Gebäudekomplex östlich der Innenstadt direkt neben der Johanniskirche auf einem Areal, das zum Alten Johannisfriedhof und zum Johannishospital gehörte. Die Johanniskirche wurde im Zweiten Weltkrieg beschädigt, den erhalten gebliebenen barocken Turm, der als Leipziger Wahrzeichen galt, ließ der SED-Chef Walter Ulbricht 1963 sprengen.

Auch das neue Grassimuseum, das nach Plänen der Architekten Hans Zweck und Carl William Voigt unter der Leitung des bedeutenden Leipziger Stadtbaurats Hubert Ritter geplant und realisiert worden war und eine Nutzfläche von 27 000 Quadratmetern umfasste, erhielt 1943 mehrere Bombentreffer. Einige Gebäudeteile brannten aus, Zehntausende wertvoller Objekte gingen für immer verloren. 1947 begann der Wiederaufbau und 1954 wurden die ersten Ausstellungsräume wiedereröffnet, aber die Mangelwirtschaft der DDR hinterließ bald auch Spuren an dem bedeutenden, im Art-Déco-Stil errichteten Gebäudekomplex. Am Ende der DDR-Zeit konnten von den insgesamt 60 Ausstellungsräumen nur noch fünf genutzt werden, eine bittere Bilanz. Umso größer waren die Überraschung und das Erstaunen, als das Publikum nach der kompletten Sanierung 2005 das glanzvoll wiedererstandene Museum in Besitz nehmen konnte.

Wer heute vom Augustusplatz Richtung Osten läuft, erreicht schon nach wenigen Minuten den lang gestreckten Gebäudekomplex, dessen Flügel mehrere Höfe umschließen. Wenn man das Museum durchquert, gelangt man in den letzten erhaltenen Bereich des Alten Johannisfriedhofs. Es ist der älteste Friedhof der Stadt und wahrscheinlich auch der schönste. Die historischen Grabsteine von unbekannten und berühmten, prominenten und vergessenen Menschen, die unter alten Bäumen stehen, machen das Areal zu einem beinahe verwunschenen Ort voller Geschichte und Melancholie. Bereits im 14. Jahrhundert wurde dieser Friedhof auf dem Grundstück eines Hospitals für Leprakranke angelegt. Je mehr die Stadt in den folgenden Jahrhunderten wuchs, desto größer wurde auch der Friedhof, in dem sich schwedische Truppen während des Dreißigjährigen Kriegs verschanzten.

Grausige Szenen ereigneten sich hier auch 1813 während der Völkerschlacht, als der Friedhof als Lazarett und Gefangenenlager herhalten musste. Die Solda-

ten schliefen in den Grüften und benutzten das Holz
der Särge für wärmende Feuer. Von dem Totengräber
Johann David Ahlemann ist der folgende Bericht überliefert: „Jetzt sah man erst die Verwüstung des vorher
so schönen Gottesackers, der mit allen Arten zerbro-
chener Waffen, Patronentaschen, Hüten, Montirun-
gen, Tornistern und allem, was der Soldat bei sich
führt, sowie mit herbeigeschafften Gerätschaften be-
deckt war, alles in den Koth getreten, welcher einen
abscheulichen Geruch verbreitete. In den Schwibbogen
war das hölzerne Gevierte an den Senklöchern heraus-
gerissen und verbrannt, in den Grüften lagen die Lei-
chen, aus den Särgen geschüttet, mit grinsenden Schä-
deln umher, inmitten mancher hinabgestürzter Soldat, der da unten seinen Geist ausgehaucht hatte."

Als 1894 die unmittelbar benachbarte Johanniskirche umgestaltet und vergrößert wurde, suchte man
auch nach den Gebeinen von Johann Sebastian Bach,
der 1750 in einem später nicht mehr lokalisierbaren
Grab beigesetzt worden war. Nachdem man fündig
geworden zu sein glaubte, setzten die Behörden Bachs
Gebeine neben denen des ebenfalls exhumierten Dichters Christian Fürchtegott Gellert in Sarkophagen im
Altarraum der Kirche bei. Erst 1950 wurden Bachs
sterbliche Überreste in sein jetziges Grab im Chorraum
der Thomaskirche überführt (siehe das vorangegange-
ne Kapitel über das alte Bach-Denkmal).

Dass der historische Friedhof durch den Straßenbau
und die Errichtung von Gebäuden immer wieder ver-
kleinert wurde, ist ein großer Verlust, bietet heute aber
immerhin den Vorteil der Überschaubarkeit. Auf gut
gestalteten Tafeln sind die Gräber der prominenten

Toten verzeichnet. So ist es zum Beispiel leicht, das Grab des Stifters und Namensgebers des Museums zu finden. Franz Dominic Grassi ruht unter einem Obelisken aus rötlichem Granit, an dem sich ein Marmormedaillon mit seinem Porträt befindet. Nur unweit entfernt liegen berühmte Verleger wie Friedrich Arnold Brockhaus (1772–1823) oder Anton Philipp Reclam (1807–1896) oder Wissenschaftler wie der Orientalist Eduard Beer (1804–1841). Auch Anna Katharina Kanne (1746–1810), besser bekannt als Käthchen Schönkopf, ruht hier. Der junge Goethe hatte sich 1766 in die schöne Bürgertochter verliebt, war aber zwei Jahre später, an seinem 19. Geburtstag, Hals über Kopf aus Leipzig abgereist, ohne noch Abschied von ihr zu nehmen.

Im „Leipziger Kalender", einem Anfang des 20. Jahrhunderts sehr beliebten Almanach, findet sich im Jahrgang 1907 ein Aufsatz über den Alten Johannisfriedhof von dem Leipziger Heimatforscher und Reiseschriftsteller Paul Benndorf (1859–1926), der später auch das bis heute geschätzte Standardwerk über den ältesten Leipziger Friedhof verfasst hat. Der Artikel beginnt mit dem folgenden, bemerkenswert langen Einleitungssatz: „Inmitten des mächtig pulsierenden Lebens der Großstadt, umzogen von den Eisenwegen neuester Verkehrsmittel, umragt von modernen Bauten des Handels und Gewerbes, der Wissenschaft und Kunst und des Verkehrs, liegt wie weltvergessen, von der Mutter Natur poesievoll umkleidet, ein idyllisch schöner Ort, an dem der plötzlich dem lauten Getriebe, dem Hasten und Jagen nach Erwerb entrückte Wanderer seinen Geist zu ernster Betrachtung sammeln und die stumme Sprache irdischer Vergänglichkeit empfinden kann; eine Stätte des Gottesfriedens und der ewigen Ruhe für den müden Erdenpilger, ein Ort aber auch, der dem Einheimischen in anschaulichster Weise ein gutes Stück Stadt- und Kunstgeschichte, die Geschichte ihm längst vorangegangener Generationen, eine lebendige Chronik seiner Vaterstadt im engen Kreise vor Augen führt und sie ihn eingehend studieren lässt."

Zugegeben, das ist recht altertümlich und umständlich formuliert, wie bei einem mehr als 100 Jahre alten Text nicht anders zu erwarten, dennoch bringt Benndorf den besonderen Reiz des ältesten Leipziger Friedhofs überzeugend zum Ausdruck. Spazieren wir also noch ein wenig zwischen den alten Gräbern entlang, lesen den einen oder anderen Namen und manche verwitterte und kaum noch zu entziffernde Inschrift. Vielleicht setzen wir uns dann auf eine der Bänke und lesen zum Abschluss das Gedicht, das der Schriftsteller und Dramaturg Julius Berstl ebenfalls vor über 100 Jahren dem Alten Johannisfriedhof gewidmet hat:

Alter Johannisfriedhof

Braungoldnes Licht, auf rostzerfress'nen Gittern ...
Aus Fliederbüschen starren stumme Grüfte
Wie trübe Augen, die verlernt zu glänzen.
Aus Modertiefen steigen schwere Düfte
Von längst verwelkten, blassen Liebeskränzen,
Die mischen sich mit Glanz und Sonne und verzittern.

Und überwuchert eingesunkne Hügel,
Zerbröckelt moosbewachsne Marmorsteine,
Verwittert alte, klingend stolze Namen ...
Doch neue Tage glühn im Frührotscheine,
Aus allen Fugen schießt der neue Samen,
Und junges Leben breitet schützend seine Flügel.

Die Stätte ist geheiligt. Uebersponnen
von dichtem Rankenwerk und weichen Halmen
Träumt hier der Tod, bestreut mit roten Blüten
Und weißen Sternen über dürren Palmen,
Den tiefen Schlummer zärtlich ihm zu hüten –
Hier ruht es gut ... Denn alle Zweifel sind zerronnen.

Doch hart am Friedhof, durch den Zaun geschieden,
Stürmt rau und laut das kecke Großstadtleben
Und tobt sich kreisend aus in heißem Drange ...
Nur wenn der Abend sinkt, will sich's begeben,
Dass es ermattet hält, verwundert, lange,
Und schluchzend sich von Gräbern heimholt seinen
Frieden.

Erinnerung an das Leipziger Schtetl:
Von der Waldstraße zum Rosental

Das Entree ist großartig, vielleicht sogar ein wenig
großspurig. „Waldstraßenpalais" steht an dem frisch
restaurierten gründerzeitlichen Eckhaus am Wald-
platz, an dem das Gold nur so funkelt. Ab Mitte des 19.
Jahrhunderts entstanden nördlich des Waldplatzes in
einem neu erschlossenen Viertel, das sich bis zum
Rosental erstreckt, noble Villen und großbürgerliche
Mietshäuser. Wer hier wohnte, musste es sich leisten
können. Kein Wunder also, dass es in der Handels- und
Messestadt vor allem Geschäftsleute, Großhändler,
Bankiers, aber auch Ärzte, Juristen und Universitäts-
professoren waren, die sich im Waldstraßenviertel nie-
derließen.

Just in der Zeit, in der sich Leipzig zur Großstadt
entwickelte, zogen auch immer mehr Menschen jüdischen Glaubens aus Osteuropa in die Stadt. Einerseits

flohen sie vor den Pogromen im zaristischen Russland, zum anderen wussten sie die Toleranz der weltoffenen Handelsstadt zu schätzen. Bald lebten in den stilvollen Häusern an der Wald-, der Tschaikowski-, der Funkenburg-, der Frege- und der Hinrichsenstraße so viele Juden, dass man die Gegend im Volksmund als „Neu-Jerusalem" bezeichnete. Wirklich dominierend waren sie aber auch hier nicht. Von den etwa 20 000 Bewohnern des Viertels galten im Jahr 1933 nur 2500 als jüdisch, was einem Anteil von etwas mehr als zwölf Prozent entspricht. Mit dem Machtantritt der Nationalsozialisten verloren alle von ihnen ihr Hab und Gut, die meisten später auch ihr Leben. Oft bereicherten sich die „arischen" Nachbarn schamlos am Eigentum jener Menschen, mit denen sie jahrelang, manchmal sogar jahrzehntelang Tür an Tür zusammengelebt hatten.

Wir laufen die Waldstraße entlang, biegen rechts in die Hinrichsenstraße ein und kreuzen die Tschaikowskistraße, in der der Germanist und Philosoph Hans Mayer von 1948 bis 1963 lebte. An seiner ehemaligen Wohnung in der Nummer 23 erinnert seit einiger Zeit eine Gedenktafel an den legendären Wissenschaftler, der mit seinen Vorlesungen im Hörsaal 40 des damals noch nicht abgerissenen alten Universitätsgebäudes am Augustusplatz Furore machte – bis er Leipzig und die DDR 1963 resigniert verließ. Doch wir bleiben auf der Hinrichsenstraße, kreuzen die Funkenburgstraße und schauen uns die prächtigen Fassaden der inzwischen größtenteils restaurierten Bürgerhäuser an. In der Nummer 14 befand sich früher ein jüdisches Altersheim. In den letzten Jahren wurde das Ariowitsch-Haus zum Begegnungszentrum der jüdischen Gemeinde umgestaltet. Dass der Bau jahrelang durch Proteste der Anwohner und Gerichtsprozesse behindert wurde, gehört zu den beschämenden Kapiteln der jüngsten Leipziger Geschichte.

Nur einen Steinwurf entfernt zweigt die Leibnizstraße Richtung Rosental ab. An der Ecke steht die Nummer 24, ein einstöckiges, spätklassizistisches Haus, das auf den ersten Blick recht unscheinbar wirkt, aber eine ganz besondere Geschichte hat. Anfang des 20. Jahrhunderts war es das geistige und kulturelle Zentrum der strenggläubigen Juden, die aus Boyan, einem kleinen Ort in der Nähe von Czernowitz, kamen. Knapp 40 chassidische Familien lebten damals in Leipzig, und in der Leibnizstraße 24 residierte Israel Friedmann, ihr Rebbe. Die Villa war nicht nur das Wohnhaus des Rabbiners, es war auch das Bethaus der Gemeinde. Dank der Erinnerungen eines Zeitzeugen können wir uns recht gut in das ostjüdische Milieu zurückversetzen, das diese Gegend Anfang des 20. Jahrhunderts prägte. 1982 erschien im Ruben Mass Verlag in Jerusalem das auf Deutsch und Hebräisch verfasste Buch „Mein Leipzig" von Simson Jakob Kreutner. Dank der Initiative des Kabarettisten Bernd-Lutz Lange konnte dieses Erinnerungsbuch eines Leipziger Juden 1992 auch in einer deutschen Ausgabe erscheinen. Kreutner, der 1988 noch einmal in seine Heimatstadt zurückkehren konnte, schrieb über das Haus des Israel Friedmann, dass es ein in jeder Hinsicht prunkvoller Hof gewesen sei. Die Wohnung des Rebbe sei kostbar ausgestattet gewesen. Die Gattin, die Rebbezim, habe Köchinnen und Dienstmägde gehalten, und für Hof und Garten hätten Hausmeister und Gärtner gesorgt.

Anschaulich schildert Kreutner, wie es jeweils im Herbst zu Simchat Thora, dem Fest der Gesetzesfreude, hier zuging:

Wie üblich nahm man es an den Abenden des Festes der Gesetzesfreude mit der Trennung von Männern und Frauen im Bethaus nicht so genau. So konnte man im Hofe hübsche, gut gekleidete Frauen zwischen Chassidim bemerken, die sich sonst jeden Anblicks von Frauen enthielten. Es war schwierig für die Thorarollentragenden, die im Kreis herumgingen, Platz zu schaffen und dem Kantor, der die dazu gehörenden Gebete vortrug, Gehör zu verschaffen.

Nach jedem Umgang wurde gesungen und getanzt. Einer der Chassidim trug Verse vor, und das Publikum antwortete mit Händeklatschen. In der Mitte des Kreises stand der Rebbe. Beendeten die Umkreisenden ihre ekstatischen Tänze, zu welchen sie viele der Anwesenden hinzuzogen, sowie ihre Gesänge, mit oder ohne Worte, wurde es still und alle Augen richteten sich auf den Rebbe. Er stand in der Mitte des Kreises, fern von den Umkreisenden und hielt eine kleine, schön geschmückte Thorarolle in seinen Händen. Solange getanzt und gesungen wurde, waren seine Augen offen und Bewegung auf seinen Lippen. Bei Beendigung der Tänze und des Gesanges schloss er die Lippen und die Augen und begann sich zu wiegen und zu schwingen.

Woran dachte er wohl dabei? Sah er die Vorgänge beim Fest der Gesetzesfreude am Hof seines Großvaters in Sadagora oder an dem seines Vaters in Boyan, an welchem Tausende teilnahmen? Oder stand vor seinen Augen das Palais seines Urgroßvaters, in welchem Zehntausende mit ihrem Zaddik sich des Gesetzes erfreuten? Wer weiß es? Der Rebbe bewegte sich mit geschlossenen Augen. Man wusste nicht, ob es Gebets-

schwingungen waren oder der Tanz eines einzelnen. Alle Augen waren auf ihn gerichtet. An solchen Abenden erstrahlte in der Leibnizstraße in Leipzig das Licht von Boyan, der Glanz von Sadagora.

Eine Szene wie aus einem Roman von Isaac Bashevis Singer, ein Stück jüdisches Osteuropa mitten in Leipzig. Mit dem Machtantritt der Nationalsozialisten ging auch dieses Schtetl an der Leibnizstraße unter, der Rabbiner Israel Friedmann war weitsichtig genug, 1934 nach Palästina auszuwandern. 1951 starb er in Tel Aviv.

Wir gehen die Leibnizstraße weiter, überqueren die Emil-Fuchs-Straße und erreichen das Rosental. In diesem grünen, aus Wiesen, Büschen und Auenwald bestehenden Refugium wollte August der Starke 1694 eigentlich ein Lustschloss bauen. Aber die Leipziger Ratsherren, die es am Ende hätten bezahlen müssen, wussten es doch noch zu verhindern. So ist das Rosental bis heute im wahrsten Wortsinn ein Volkspark mit Liegewiesen für Familien und lauschigen Plätzen für Liebespaare, mit Wanderwegen und sogar einem Aussichtspunkt. Wenn wir uns gleich nach links wenden, erreichen wir einen hübsch gestalteten Spielplatz mit fantasievollen Spielgeräten. Eine Bronzetafel erinnert daran, dass dies der „erste öffentliche Kinderspielplatz der Stadt Leipzig" ist, der schon 1870 angelegt wurde.

Es ist aber noch aus einem weiteren Grund ein besonderer Ort, denn hier steht auch das Denkmal, das an eine besondere Frau erinnert: „Louise Otto-Peters" steht an dem Sandsteinblock, der von einem Porträtmedaillon bekrönt wird. 1819 als Kind einer wohlha-

benden Familie in Meißen geboren, wollte sich Louise
Otto weder mit den bedrückenden sozialen Verhältnis-
sen ihrer Zeit noch mit der traditionellen Frauenrolle
abfinden. Sie begann zu schreiben, kämpfte für die
Rechte der im Elend lebenden Fabrikarbeiterinnen
und gehörte zu den Mitbegründerinnen der deutschen
Frauenbewegung. Da ihre Gedichte die revolutionäre
Stimmung des Vormärz zum Ausdruck brachten, wurde sie etwas pathetisch „Lerche des Völkerfrühlings"
genannt. Sie war eine mutige Frau, die den Autoritäten
ihre Zeit trotzte. Zu dem Schriftsteller August Peters,
der als Teilnehmer der Revolution von 1848/49 zu
sechsjähriger Haft verurteilt worden war, unterhielt
sie ein enges Verhältnis. Im Gefängnis in Bruchsal ver-
lobte sie sich mit ihm, doch erst 1858 konnten sie hei-
raten und ein gemeinsames Leben in Leipzig führen,
wo Louise Otto-Peters 1895 starb.

1849, nachdem der Dresdner Maiaufstand blutig
niedergeschlagen worden war, schrieb sie das folgende
Gedicht:

Am Schluss des Jahres 1849

Die Glocken hallen dumpf am Jahresende,
In diesen schweren unheilvollen Zeiten
Ins Grab die deutsche Freiheit zu geleiten –
Ach! ohne Hoffnung dass ihr Los sich wende!

Gefängnis, Flucht und Tod – das ist die Spende
Für Alle, die dem Vaterland sich weihten,
Dem Volke Recht und Einheit zu erstreiten,
Dass es zu einem Reiche sich verbände!

Und doch, und doch! – Die Freiheit kann nicht sterben
Ein Volk, das sich so opferfroh gezeigt,
Kann nicht für immer, kann nicht ganz verderben!

Und wenn auch jetzt der Hoffnung Saat verblüht –
Wir säten doch – das Volk wird einst noch erben
Um was wir kämpfen und noch nicht erreicht.

Zu Gast bei Schiller in Gohlis

Eine stattliche Ehrenpforte, links dahinter ein eher bescheidenes Haus. Eigentlich ist es nur ein Häuschen, jedenfalls keine repräsentative Residenz eines deutschen Großdichters. Aber gerade die Intimität macht den Reiz dieses geschichtsträchtigen Anwesens aus, in dem die dörfliche Vergangenheit des heutigen Leipziger Stadtteils Gohlis noch gut zu erspüren ist. Am Haus Menckestraße 42 prangt eine Gedenktafel, auf der mit goldener Schrift vermerkt ist: „Hier wohnte Schiller und schrieb das Lied an die Freude im Jahre 1785." Hier also wohnte Schiller. Na ja, richtiger hieße es: Auch hier hat er mal gewohnt.

Aber betreten wir ruhig dieses Grundstück, kaufen uns im Gebäude rechts ein Ticket und nehmen dann erst einmal im idyllischen Bauerngarten Platz, um uns ein wenig zu orientieren. Als der damals 25 Jahre alte

Schiller im April 1785 auf Einladung von Christian Gottfried Körner und dessen Freundeskreis nach Leipzig kam, hatte er zwar mit „Die Räuber" bereits den ersten großen Erfolg hinter sich, zugleich aber jede Menge Probleme, nicht zuletzt finanzieller Art. Umso dankbarer war er, dass er nun Kontakte in der kulturell wichtigen sächsischen Stadt Leipzig knüpfen und von Anfang Mai bis Anfang September in Gohlis ungestört arbeiten konnte. „Man pflegt hier in vielen Familien den Sommer über auf den benachbarten Dörfern zu kampieren und das Land zu genießen. Ich werde auch einige Monate in dem Orte Goliz zubringen, der nur eine Viertelmeile von Leipzig entlegen ist, und wohin ein sehr angenehmer Spaziergang durch das Rosenthal führt", schrieb Schiller am 24. April 1785 in einem Brief, kurz bevor er im Obergeschoss des Bauern Christoph Schneider eine Stube und eine Kammer beziehen konnte.

Gehen wir doch einmal hinein, steigen die Treppe hinauf und betreten das bescheidene, aber zweckmäßige Quartier, das den damaligen Bedürfnissen des Dichters offensichtlich gut entsprach. Auch an geistreicher Gesellschaft fehlte es ihm nicht, denn im Sommer 1785 bewohnte der Verlagsbuchhändler Georg Joachim Göschen die Stube im Erdgeschoss.

„Er wohnte damals in dem meinem Vater zugehörigen Gut", erinnerte sich Johann Christoph Schneider, der den Dichter als Zwölfjähriger bediente. In seinem schriftlichen Bericht heißt es weiter: „Schiller stand damals sehr frühzeitig auf, schon um drei oder vier Uhr, und pflegte dann in das Freie, weit hinaus in die Felder zu gehen. Dabei musste ich ihm mit der Wasser-

flasche und dem Glas folgen. Um fünf oder sechs kehr-
te Schiller dann gewöhnlich nach Hause zurück und
teilte oft seine Ideen dem Buchhändler Göschen, der in
demselben Haus wohnte, mit, worüber sich dann
zuweilen beide stritten. Bei diesen Morgenspaziergän-
gen schrieb Schiller nichts nieder, sondern überließ
sich nur seinen Gedanken. Das Niederschreiben erfolg-
te erst bei der Rückkehr in seine Wohnung. Bei diesen
frühen Spaziergängen war Schiller leicht angezogen,
mit dem Schlafrock bekleidet, mit unbedecktem Hals.
Sein Weg führte ihn gewöhnlich in die Felder nach der
Hallischen Straße zu, in denen er kreuz und quer
umherirrte. Den Tag über besuchte er das Rosental
sehr fleißig. Schiller war stets freundlich und human,
er sah blass von Gesicht, hatte viele Sommersprossen,
rötliches Haar und war sehr lang. Mit Göschen war er
sehr genau befreundet."

Wie gut es Schiller hier offenbar ging, zeigt die Tatsache, dass er in Gohlis die Ode „An die Freude" begann, die er im folgenden Herbst, als er bei Christian
Gottfried Körner in Dresden zu Gast war, vollendete.

Mit dem Genius Loci ist es so eine Sache, mal stellt
er sich ein, mal ist aber kaum etwas von ihm zu spüren.
Hier, in dem kleinen Museum, kann man sich aber
ganz gut vorstellen, wie ein junger Dichter Zeit, Ruhe
und Inspiration fand. Er begann nicht nur die berühmte Ode, sondern schrieb auch am zweiten Akt des „Don
Carlos" und überarbeitete den „Fiesco" – keine schlech-
te Bilanz für die Sommermonate in Gohlis. Die Gedenkstätte informiert recht genau über Schillers damalige
Lebensumstände, über die Leipziger Verhältnisse jener
Zeit und über Gohlis, wohin die Leipziger Bürger

damals an Sonntagen mit Booten auf der Pleiße ruder-ten. „Ich habe in der ersten Woche meines Hierseins schon unzählige Bekanntschaften gemacht", schrieb Schiller in dem bereits zitierten Brief vom April 1785, in dem es weiter heißt: „Meine angenehmste Erholung ist bisher gewesen Richters Kaffeehaus zu besuchen, wo ich immer die halbe Welt Leipzigs beisammen fin-de und meine Bekanntschaften mit Einheimischen und Fremden erweitere. [...] Vielen wollte es gar nicht zu Kopfe, dass ein Mensch, der die ‚Räuber' gemacht hat, wie andere Muttersöhne aussehen soll. Wenigs-tens rund geschnittene Haare, Kurierstiefel und eine Hetzpeitsche hätte man erwartet."

In Schillers Stube finden sich auch einige Erinne-rungsstücke, zum Beispiel – als eine Art Reliquie hinter Glas verwahrt – „eine Weste, welche Schiller getragen". Das Kleidungsstück kam, wie auf der Tafel vermerkt ist, als „Geschenk d. Herrn Oberförsters F. v. Schiller in Lorch, des Dichters ältestem Sohne", nach Gohlis.

Schiller starb 1805, dreieinhalb Jahrzehnte später wurde sein Gohliser Quartier ausfindig gemacht und am 11. November 1841 wurden hier die Gedenktafel angebracht und eine Ehrenpforte errichtet. Im 19. Jahr-hundert galt Schiller nämlich keineswegs als toter Klas-siker, sondern war enorm populär, wurde viel gelesen, gespielt, rezitiert und deklamiert. In Sachen Vereh-rung stand Schiller Goethe in nichts nach, ja war viel-leicht sogar noch populärer. Schon im Revolutionsjahr 1848 konnte das Schillerhaus in Gohlis als Deutsch-lands älteste Literaturgedenkstätte eröffnet werden.

Ein großes Ereignis war im November 1859 die Fest-woche zum 100. Geburtstag des Dichters. Es gab Festreden, Theateraufführungen und einen Fackelzug. An den Abenden wurde das Schillerhaus festlich illuminiert. In den folgenden anderthalb Jahrhunderten gab es manche Gefährdungen – wie eine britische Stabbrandbombe, die am 4. Dezember 1943 durch das Dach in Schillers Schlafstube einschlug, aber glücklicherweise nicht explodierte – und zahlreiche bauliche Veränderungen. Nachdem das Haus 1995 wegen Einsturzgefahr geschlossen werden musste, konnte es 1998 mit einer neuen musealen Gestaltung wiedereröffnet werden, hinzu kam 2002 der rekonstruierte Bauerngarten, eine Idylle, die zum Verweilen einlädt und vielleicht auch zur Lektüre von Schiller-Balladen, die man nebenan im Museumsshop erwerben kann.

Anschließend empfiehlt sich vielleicht noch ein kleiner Spaziergang die Menckestraße entlang zum Gohliser Schlösschen, einem hübschen Rokokobau, durch den man sich sonntags um 11 Uhr führen lassen kann. Zu Schillers Zeit gehörte das Anwesen dem Hof- und Justizrat Johann Hieronymus Hetzer, der den Dichter sehr wahrscheinlich in seinen „Musenhof am Rosental" eingeladen hat. Auch heute gibt es hier oft Konzerte und Lesungen, außerdem lädt ein stilvolles Restaurant ein.

Wer es deftiger liebt und auch kleine Experimente nicht scheut, dem sei die Gosestube „Ohne Bedenken" empfohlen, die sich nur wenige hundert Meter entfernt an der Menckestraße 5 befindet. Schon 1899 hatte der Leipziger Wirt Cajeri hier eine Wirtschaft eröffnet, in der Gose ausgeschenkt wurde. Gose ist ein obergäriges Bier, das ursprünglich aus Goslar kommt und nach dem durch die Kaiserstadt fließenden Bach Gose

benannt wurde, sich aber in Leipzig schon seit 1740
besonderer Beliebtheit erfreut. Goethe hat es nach-
weislich genossen und Schiller dürfte es sehr wahrscheinlich auch getrunken haben. Bis Mitte des 20.
Jahrhunderts war Gose eines der beliebtesten Leipziger
Getränke, bis das Bier auf einmal vom Markt ver-
schwand. Offenbar waren die volkseigenen Brauereien
nicht mehr willens oder in der Lage, die Bierspezialität
herzustellen.

Lange Zeit hatte sich allerdings das Gerücht gehalten, Gose sei allzu unbekömmlich. Darauf angespro-
chen meinte Cajeris legendärer Kellner Karl Schmidt,
man könne es „ohne Bedenken" trinken. „Ohne Bedenken" nannte Cajeri daraufhin werbewirksam seine
Gastwirtschaft, die jahrzehntelang geschlossen war,
aber 1986 rekonstruiert und wiedereröffnet wurde.
Noch heute trägt das Gasthaus seinen historischen
Namen und natürlich werden in den urigen Gasträu-
men und im lauschigen Garten hinterm Haus zu defti-
gen Speisen Gosespezialitäten serviert. Wer Glück hat,
den bedient Oberkellnerin Reni, die ein ganz reines
Leipziger Sächsisch spricht, bestens mit der Geschichte des Hauses vertraut ist und längst als ebenso stadt-
bekanntes Original gilt wie ihr Vorgänger Karl
Schmidt.

Abendstimmung in Afrika:
Die Kiwara Lodge

Im Frühjahr, wenn die Tage noch kurz sind und die Sonne schon am späten Nachmittag untergeht, gibt es einen Platz in der Stadt, an dem man sich auf wunderbare Weise in die Ferne träumen kann. Man bleibt zwar in Leipzig, ist keine zwei Kilometer vom Markt entfernt, und fühlt sich doch wie in einer weit entlegenen Weltgegend. Wie in Afrika. Die Illusion ist nahezu perfekt und wird nur durch das breite Sächsisch und die helle Hautfarbe der hübschen Kellnerin, die mir gleich darauf ein Pils auf den Tisch stellt, ein wenig gestört. Aber Sachsen gibt es schließlich überall auf der Welt. Und vielleicht ist es auch ein bisschen zu kühl, doch jeder, der Afrika bereist hat, weiß ja, dass es auch dort abends recht kalt werden kann.

Ich sitze auf der Terrasse der Kiwara Afrika Lodge im Leipziger Zoo und genieße die Stunde, die mir noch bis zum Ende der Öffnungszeit bleibt. Die Lodge könnte tatsächlich in Afrika stehen, es ist eine rustikale Holzkonstruktion mit rotem Dach und offener Veranda, deren Geländer von einem Netz gebildet wird. Und der Blick öffnet sich zwar nur ins Leipziger Rosental, wirkt aber, als wär's eine afrikanische Savannenlandschaft. Ernst Pinkert hätte dieser Blick nach Afrika ganz bestimmt gefallen. Am 9. Juni 1878 öffnete der clevere Leipziger Gastwirt auf dem Ratsgut Pfaffendorf seinen privaten Zoologischen Garten. Erst fünf Jahre zuvor hatte er die Gaststätte „Zum Pfaffendorfer Hof" übernommen, nun aber mit einer neuen Geschäftsidee verbunden. Pinkert bot nicht mehr nur Speisen und Getränke an, sondern außerdem auch den Blick auf exotische Tiere. Er erbaute ein Raubtierhaus und stellte – erstmalig in Deutschland – Orang-Utans in einer Anlage öffentlich zur Schau. Das Know-how und die Tiere holte er sich von seinem Geschäftspartner, dem berühmten Tierhändler Carl Hagenbeck aus Hamburg. Der Zoo wurde mehrfach erweitert und 1899 in eine Aktiengesellschaft umgewandelt.

Als Ernst Pinkert 1909 starb, war der Leipziger Zoo berühmt und erfolgreich. Erst als es mit dem Unternehmen als Folge des Ersten Weltkriegs finanziell bergab ging, übernahm die Stadt 1920 die Verantwortung. Im Zweiten Weltkrieg schien die beliebte Publikumsattraktion erneut vor dem Aus zu stehen, doch bereits am 6. Mai 1945 öffnete sich das markante Jugendstilportal wieder fürs Publikum. Die Menschen strömten hinein, um die wenigen verbliebenen Tiere zu betrachten und dabei das Elend des Kriegs und die Ungewissheit der gerade anbrechenden Nachkriegszeit für ein

paar Stunden zu vergessen. Auch später war der Zoolo-
gische Garten, in den die DDR viel Geld investierte,
äußerst beliebt.

Aber vor allem seit der Wende hat der Leipziger Zoo
viel dafür getan, attraktiver zu werden. Neue Themen-
bereiche wie das Pongoland für die Menschenaffen
oder die Tiger-Taiga sind entstanden, doch mein Lieb-
lingsplatz ist und bleibt die Kiwara Afrika Lodge. Das
Büffet ist verführerisch, es gibt zum Beispiel Gemüse-
suppe mit Süßkartoffeln, Yamswurzeln und Kokos-
nuss-Creme, aber auch afrikanische Fladenbrote, die
mit scharf angebratenen Streifen vom Rind und gerös-
teten Erdnüssen gefüllt sind. Ich entscheide mich für
eine Bananensuppe mit Mais und Chili. Sie schmeckt
vorzüglich.

Die blaue Stunde färbt den Himmel über Leipzig
türkis ein. Vor meiner Veranda wird es jetzt immer leb-
hafter: Afrika-Marabus staksen über den Rasen, ein
Kronenkranich-Paar lässt sich auf einem Stein nieder,
ich entdecke eine Säbelantilope und eine ganze Kolo-
nie von Zwergflamingos. Ich stelle mir vor, wie ein
berühmter Leipziger 1887 mit einer kleinen Expedition Ostafrika erforschte. Sein Name war Hans Meyer,
er entstammte der bekannten Lexikonverlegerfamilie
und war das, was man begütert nennt. Meyer, der 1858
in Hildburghausen geboren wurde, aber schon bald
nach Leipzig kam, war vielseitig interessiert, studierte
Germanistik, Geschichte, Staatswissenschaften, Völkerkunde und Botanik. Im Verlag der Familie kümmer-
te er sich besonders um den Bereich Geografie. 1887
brach er zum ersten Mal nach Ostafrika auf, um das
Gebiet um den Kilimandscharo zu erforschen. Bei der

Besteigung des Berges scheiterte er. Es fehlte ihm nicht nur an Erfahrung, seine Expedition war auch mangelhaft ausgerüstet. Doch schon ein Jahr später unternahm er gemeinsam mit seinem Freund Oscar Baumann den zweiten Versuch, der sie beinahe das Leben kostete. Nachdem sie den Aufstieg erneut abgebrochen hatten und an die Küste zurückgekehrt waren, wurden die beiden Abenteurer von dem afrikanischen Rebellenführer Buschiri bin Salim gefangen genommen. Erst nachdem ein Lösegeld von 10 000 Rupien gezahlt worden war, kamen sie wieder frei, mussten ihre Expeditionsausrüstung jedoch zurücklassen. Trotzdem war Meyer nicht bereit, sein Ziel aufzugeben. Schon 1889 unternahm er den dritten Versuch. Gemeinsam mit dem Salzburger Bergsteiger Ludwig Purtscheller und dem einheimischen Bergführer Yohani Kinyala Lauwo gelang Hans Meyer am 6. Oktober 1889 die Erstbesteigung des Kilimandscharo.

Aber er war nicht nur Alpinist, sondern auch Geograf, Ethnologe und ein entschiedener Befürworter der deutschen Kolonialpolitik. Er unternahm umfangreiche Forschungen und schrieb Bücher, in denen er seine Reisen einer großen Öffentlichkeit vorstellte. 1890 erschien zum Beispiel sein Buch „Ostafrikanische Gletscherfahrten". 1899 wurde Hans Meyer zum Professor ernannt, von 1915 an hatte er einen Lehrstuhl für Kolonialgeografie und -politik an der Leipziger Universität inne. „Impavidi progrediamur" (Lasst uns unerschrocken vorwärtsschreiten) steht auf dem Grabstein des Leipziger Afrika-Forschers, der 1929 starb und auf dem Südfriedhof beigesetzt wurde. 1969 ließ die tansanische Regierung am Südhang des Kilimandscha-

ro eine Tafel anbringen, die an die Erstbesteigung des
berühmten Bergs erinnert.

Ob Hans Meyer als alter Herr den Leipziger Zoo gele-
gentlich besucht hat, um sich hier seiner afrikanischen Abenteuer zu erinnern? Auf meinem Terrassen-
platz hätte er sich gewiss wohlgefühlt. Gelassen schrei-
ten zwei Giraffen an der Lodge vorbei – ich bin tatsächlich in Afrika. Jedenfalls so lange, bis mich das Sächsisch der freundlichen Kellnerin nach Leipzig zurück-
holt. Jetzt höre ich auch das Quietschen einer Straßenbahn, die Sirene eines Polizeiautos, Stadtgeräusche,
die ich bis dahin nicht wahrgenommen habe. Während ich die Rechnung bezahle, erzählt die Kellnerin
mir von den afrikanischen Tänzern und Trommlern,
die oft hier auftreten, und dass es spezielle Touren
durch den nächtlich-dunklen Zoo gibt. Das ist sicher
ganz nett, aber schöner finde ich es trotzdem, hier auf
der Veranda der Kiwara Lodge zu sitzen und allein zu
sein – mit mir und meinem Traum von Afrika. Nun ver-
lasse ich den Zoo, weiß aber genau, dass ich irgend-
wann wiederkommen werde: Wenn das Fernweh mich
mal wieder ganz heftig befallen hat, dann sitze ich
ganz sicher wieder auf dieser Veranda, trinke ein Pils
und lese vielleicht ein wenig in Tania Blixens „Jenseits
von Afrika" oder in Hans Meyers „Ostafrikanischen
Gletscherfahrten".

In der Russischen Kirche

Steil wie ein Turm ragt das Dach der Russischen Kirche in den Leipziger Himmel. Mit ihrer goldenen Zwiebelkuppel und den dreieckigen Bögen an dem sich verjüngenden Dach setzt die Kirche einen weithin sichtbaren exotischen Akzent in Leipzigs Südosten. Doch das malerische Stück Russland an der Kreuzung Semmelweisstraße und Philipp-Rosenthal-Straße findet sich nicht zufällig an diesem Ort, denn es hat seine Wurzeln in einem geschichtlichen Ereignis. Der Bezug ist klar, der gewaltige Baukörper des Völkerschlachtdenkmals befindet sich nur unweit entfernt. Nicht nur das große Monument, auch die Kirche ist ein Denkmal, das an die Ereignisse der Völkerschlacht erinnert. Während die Deutschen, die 1813 teils für, teils gegen Napoleon gekämpft hatten, knapp 100 Jahre später an dem riesigen Granit-Monstrum bauten, planten die Russen,

die maßgeblich dazu beigetragen hatten, den Kaiser
der Franzosen in Leipzig militärisch in die Knie zu
zwingen, ein eigenes Denkmal, das an die 22 000 gefal-
lenen Soldaten des Zaren erinnern sollte. Zar Alexan-
der I. hatte schon bald nach dem Sieg eine Gedächtniskirche auf den Moskauer Sperlingsbergen geplant,
gebaut wurde dann erst sehr viel später, von 1839 bis
1883, die Erlöserkathedrale an der Moskwa. Im Vorfeld
der 100-Jahr-Feier der Völkerschlacht kam dann die
Idee auf, am historischen Ort – also auf dem Leipziger
Schlachtfeld – eine russische Gedächtniskirche zu
erbauen. Die Stadt Leipzig stellte dem russischen Staat
ein mehr als zweieinhalbtausend Quadratmeter großes Gelände kostenlos zur Verfügung, auf dem die von
dem Petersburger Architekten Wladimir Alexandro-
witsch Pokrowski (1871–1931) entworfene Kirche
gebaut werden konnte. Zeltdachkirche heißt der Bau-
typ, an dem sich Pokrowski orientierte. Wahrscheinlich diente ihm die Mitte des 16. Jahrhunderts entstan-
dene Christi-Himmelfahrts-Kirche in Moskau-Kolo-
menskoje als Vorbild.

Das Untergeschoss, in dem sich ein kleinerer Sakral-
raum befindet, ist nicht zugänglich. Beiderseits des
Portals hat man Tafeln angebracht, die an die gefalle-
nen russischen Soldaten erinnern. Eine doppelläufige
Treppenanlage führt zum Haupteingang hinauf, durch
den wir ins Kircheninnere gelangen. Wer den Raum
betritt, wird von feierlicher Stille umfangen. Eine
freundliche alte Russin mit Kopftuch lädt uns mit
einem Kopfnicken ein, näherzutreten. Sie verkauft uns
eine Kerze, die wir anzünden und auf einen Leuchter
stecken, auf dem schon zahlreiche andere Lichter bren-

nen. Wir sehen nach oben und staunen über die Höhe der Kuppel, die den Raum trotz seiner eigentlich recht kleinen Grundfläche monumental erscheinen lässt. Im Scheitelpunkt der 39 Meter hohen Kuppel ist eine Kette angebracht, an der ein gewaltiger Kronleuchter hängt, dessen 68 Schalen ursprünglich aus Jaspis bestanden. Es ist ein Geschenk von Nikolaus II., dem letzten russischen Zaren. Original erhalten blieben nur die Jaspisschalen der beiden unteren Reihen, bei den übrigen handelt es sich um Nachbildungen aus Glas.

Doch das beeindruckendste Kunstwerk ist – wie in jeder russischen Kirche – die Bilderwand, die Ikonostase, mit ihren eindringlichen auf Goldgrund prangenden Heiligenbildern. Die mittlere Tür, durch die allein geweihte Geistliche treten dürfen, wird Zarentür genannt. Rechts davon ist eine Christusdarstellung zu sehen, daneben das Bild des Moskauer Metropoliten Alexi, des Namensgebers der Kirche. Alexi wird in Russland verehrt, weil er im 14. Jahrhundert die Fürsten des Landes dazu aufgerufen hatte, sich gegen die Tataren zu erheben. Die Ikonostase, deren Rahmen aus Eichenholz geschnitzt ist, kam als Geschenk der Donkosaken in die Leipziger Kirche. Die Malerei stammt von Luka Martjanowitsch Jemeljanow aus Moskau, der sich an altrussischen Vorbildern orientierte. Auf den Bronzetafeln, die man an den Längswänden sehen kann, sind die Namen aller an der Völkerschlacht beteiligten russischen Regimenter verzeichnet.

Aus einem Lautsprecher sind liturgische Gesänge zu hören. Eine Familie, wahrscheinlich Touristen aus Griechenland, betritt die Kirche. Die Erwachsenen bekreuzigen sich und zünden Kerzen an. Nacheinander treten die Eltern und anschließend die drei Kinder an die auf einem Pult liegende Ikone heran und küssen sie.

Es gibt historische Fotografien, die die festliche Konsekration der Kirche am 17. Oktober 1913, einen Tag vor der Einweihung des Völkerschlachtdenkmals, zeigen. Zar Nikolaus II. war zwar nicht gekommen, aber immerhin vertrat ihn der russische Großfürst Kyrill Wladimirowitsch. Kaiser Wilhelm II. und der letzte sächsische König Friedrich August III. nahmen ebenfalls an dieser Feier teil, bei der noch einmal die Toten der Völkerschlacht betrauert wurden. „Es war ein fremdartiges, aber ungemein fesselndes Bild, das sich dem Besucher bot, die russischen Geistlichen in ihren reichen in Silber und Gold gestickten Gewändern, die stattlichen Gestalten der russischen Offiziere", schrieb die „Illustrirte Zeitung" 1913 in ihrem Eröffnungsbericht. Kaum zu glauben, dass nur neun Monate später schon wieder Soldaten aufeinander schießen würden.

Nach dem Ende des Ersten Weltkriegs sah es bald aus, als wäre das Schicksal der Kirche, in der nun vor allem Revolutionsflüchtlinge und Emigranten beteten, besiegelt. Immer wieder zeigten sich schwere Bauschäden und 1927 wollten die Behörden die Schließung und den Abriss des Bauwerks anordnen. Für die Emigranten hätte das den schmerzhaften Verlust des letzten Stückchens Heimat in der Fremde bedeutet. Leipzig war traditionell ein bevorzugter Ort für russische Emigranten. Selbst Lenin hielt sich mehrfach in der Messestadt auf, wo er auch 1901 bis 1903 seine illegale Zeitung „Iskra" (Funke) drucken ließ.

Die Emigranten sammelten Geld für die Renovierung, die schließlich mit Unterstützung der russisch-orthodoxen Kirche möglich wurde. Bei der erneuten Weihe, am 28. Januar 1928, sagte Metropolit Jewlogi: „Ich möchte heute inbrünstig darum beten, dass hier ständig, ohne zu versiegen, orthodoxes Gebet gehalten werde und dass unter einmütiger gemeinsamer Arbeit von Russen und Deutschen diese Kirche unerschüttert stehen möge als lebendiger anschaulicher Zeuge einer Völkervereinigung, dass sie nicht aufhören möchte, das große Werk Christi zu wirken, indem sie der Welt nicht das Bild der Völkerschlacht, sondern der Brüderschaft der Völker zeigt."

Die Brüderschaft der Völker hatte unter den Diktatoren Hitler und Stalin keine Chance. 1941 überfiel Deutschland die Sowjetunion. Wieder schossen deutsche und russische Soldaten aufeinander, diesmal stieg die Zahl der Opfer ins schier Unermessliche. Im April 1945 wurde Leipzig zunächst von amerikanischen Truppen besetzt. Erst am 1. Juli marschierte die Rote Armee – wie auf der alliierten Konferenz von Jalta im Februar 1945 vereinbart – in die Messestadt ein. Schon fünf Tage später besuchte der legendäre sowjetische Marschall Georgi Konstantinowitsch Schukow gemeinsam mit dem Stadtkommandanten Trufanow die Russische Kirche. Beide waren Kommunisten und Gegner des Christentums. Trotzdem befahlen sie, dass die Kirche instand gesetzt und gepflegt werden sollte. Für die Militärs war das Bauwerk eben nicht nur eine Kirche, sondern zugleich das Symbol eines russischen Sieges. Zu DDR-Zeiten sah man oft sowjetische Reisegruppen, die sich vor der Kirche fotografieren ließen, und auch heute noch ist das eindrucksvolle Bauwerk für Reisende aus osteuropäischen Ländern eine der wichtigsten Leipziger Sehenswürdigkeiten.

Trotzdem geht es hier fast immer still zu. Man betrachtet die Ikonen, zündet eine Kerze an und denkt zurück an eine tragische und blutige Geschichte, an gefallene Soldaten, an einsame Emigranten, an Sieger und Besiegte. Leipzigs Russische Kirche ist ein Denkmal der Geschichte, aber damit ist sie auch ein Monument, das dazu mahnt, aus dieser Geschichte zu lernen.

Großartiges Panorama akademischen Fleißes: Im Großen Lesesaal der Deutschen Bücherei

In fünf Reihen stehen die Schreibtische und kaum ein Platz bleibt frei. Stille ist hier oberstes Gebot. Wer sich nicht daran hält, wer mit seinem Nachbarn zu laut flüstert, den trifft zunächst nur ein strafender Blick des aufsichtführenden Bibliothekars, und – sollte das noch immer nicht helfen – eine ernste Ermahnung. Kaum anderswo in Leipzig sitzen so viele Menschen beinahe lautlos so dicht beieinander wie hier, im Großen Lesesaal der Deutschen Bücherei.

Es sind nicht nur Deutsche und Europäer, sondern auch Asiaten, Araber und Afrikaner, vor allem natürlich Studenten der Leipziger Universität oder einer der anderen Hochschulen, aber auch Professoren, Künstler oder interessierte Laien, junge Menschen und Rentner, Doktoranden und Hobbyforscher. Viele haben ihre Notebooks vor sich auf dem Tisch, um an eigenen Texten zu arbeiten. Manche lesen versunken, scheinen ihre Umwelt dabei völlig vergessen zu haben. Andere widmen sich dicken Nachschlagewerken, sind auf der Suche nach irgendeiner wichtigen Information. Eine verschleierte Studentin, die wahrscheinlich aus einem nordafrikanischen Land kommt, betrachtet Gebäudegrundrisse in einem architektonischen Lehrbuch. Ein älterer Herr blättert routiniert in einer dicken Monografie zur mittelalterlichen deutschen Tafelmalerei und macht sich von Zeit zu Zeit auf kleinen Karteikarten Notizen. Sie alle sind Teil einer akademischen Gemeinde, die hier nun schon seit fast einem Jahrhundert ihre Heimat hat.

Deutsche Nationalbibliothek heißt diese ehrwürdige Institution heute, zu der neben der Deutschen Bücherei in Leipzig die ehemalige Deutsche Bibliothek in Frankfurt und das Deutsche Musikarchiv in Berlin gehören. 1913 gegründet, sammelt die Deutsche Bücherei seither jede deutsche und deutschsprachige Publikation, alles was in Deutschland oder im Ausland in deutscher Sprache erschienen ist – inzwischen eine fast unvorstellbare Menge von mehr als 14 Millionen „Medienwerken". Das sind natürlich nicht nur Bücher, Zeitungen und Zeitschriften, sondern auch Dissertationen, Broschüren, Kataloge und andere Sonderpublikationen, zunehmend aber auch elektronische Veröffentlichungen.

Doch im Großen Lesesaal, an dessen Stirnseite das Wandbild „Brunnen des Lebens" des Jugendstil-Malers Ludwig von Hofmann prangt, geht es vor allem um Bücher. Wer die in dunklem Holz gehaltene Galerie hinaufsteigt, zu den kunstgeschichtlichen und theologischen Nachschlagewerken, sieht den Saal unter sich als ein großartiges Panorama des akademischen Fleißes. Generationen von Studenten und Wissenschaftlern haben hier gelesen und gelernt. Wer einmal in diesem Raum gesessen und beim Licht der wunderbar altmodischen Tischlampen mit ihren grünen Glasschirmen gelesen hat, der wird die ansteckende Atmosphäre akademischer Gelehrsamkeit nie vergessen.

Büchersammlungen haben ihre eigene Magie und in historischen Lesesälen ist sie geradezu mit Händen zu greifen. Der Große Lesesaal der Deutschen Bücherei steht ebenbürtig neben so berühmten und schönen Lesesälen wie denen der British Library in London oder der Washingtoner Kongressbibliothek. Hier trifft man natürlich keine Touristen, obwohl die Deutsche Bücherei zu den erstrangigen Sehenswürdigkeiten der Messestadt gehört. Um ein wenig von der Atmosphäre der DB, wie sie in Leipzig noch immer genannt wird, zu spüren, bedarf es eines kleinen Tricks: Melden Sie sich einfach als „Nutzer" an, kaufen sich eine Tageskarte für fünf Euro, schon gehören Sie zum Kreis der Auserwählten, die das 1916 eröffnete Gebäude am Deutschen Platz betreten dürfen.

„Wer von der Straße des 18. Oktober kommend, zum ersten Male das Gebäude erblickt mit seiner dem ovalen Deutschen Platz angepassten geschwungenen Front, den flankierenden wuchtigen Rundtürmen, seiner in edlem Gleichmaß durchgeführten Gliederung und dem vornehm Maß haltenden Schmuck, dem wird sich das eigenartige Bild unauslöschlich einprägen", urteilte Heinrich Uhlendahl, der von 1924 bis 1954 als Generaldirektor amtierte.

Allein die leicht konkav gewölbte Fassade dieses von dem Architekten Oskar Pusch entworfenen Hauses ist 120 Meter lang. Hoch über dem Haupteingang befindet sich in der Mitte eine Uhr, die von einem Schriftzug in großen goldenen Lettern gerahmt wird: DEUTSCHE BÜCHEREI. Links des Eingangs ist ebenfalls in Goldbuchstaben das folgende Schiller-Zitat zu lesen: „Körper und Stimme / leiht die Schrift dem / stummen Gedanken / durch der / Jahrhunderte Strom / trägt ihn das redende Blatt." Gegenüber dann der folgende Spruch: „Freie Statt / für freies Wort / freier Forschung / sich'rer Port / reiner Wahrheit / Schutz und Hort."

Mit der Freiheit der Forschung stand es hier allerdings nicht immer zum Besten. In der NS-Zeit galt diese Freiheit nur für „Arier", und während der 40 DDR-Jahre war Literatur, die die SED für ideologisch oder in einer anderen Hinsicht für bedenklich hielt, nur einem kleinen Kreis Eingeweihter zugänglich. Es gab einen eigenen „Giftbereich", in dem die Auserwählten sich dann in die ansonsten verbotenen westlichen Bücher oder Zeitschriften vertiefen konnten – natürlich unter strenger Aufsicht linientreuer Bibliothekare. Wie alle anderen Institutionen war auch die Deutsche Bücherei von den Pressionen der beiden deutschen Diktaturen betroffen, trotzdem haben zu allen Zeiten Wissenschaftler und Studenten hier gelehrt und geforscht.

Es lohnt sich, in dieses wunderbare Gebäude einzutreten, das – wie Sie gleich sehen werden – selbst ein Kunstwerk ist. Schon an den Wänden der Eingangshalle sind Glas-Mosaikbilder von Max Seliger zu sehen, die „Schreibende" und die „Lesende". Wohin wir auch gehen, überall finden sich weitere Kunstwerke: Vasen, Brunnen, Wandreliefs, allegorische Gemälde, Büsten von Philosophen und Dichtern, Glasgemäldefenster und Plastiken. Im oberen Treppenhaus zeigt ein großes Gemälde von Hugo Vogel, von dem auch die monumentalen Wandmalereien im großen Festsaal des Hamburger Rathauses stammen, den „Ersten Geschäftsführenden Ausschuss" der Deutschen Bücherei, eine Runde außerordentlich ehrwürdiger, meist bärtiger Herren, die sich um einen Tisch versammelt haben, auf dem die Pläne und Zeichnungen zum Leipziger Bibliotheksgebäude liegen. Tatsächlich gewinnt man bei der Betrachtung des Bildes den Eindruck, an einem historischen Treffen teilzuhaben. Es waren Buchhändler und Verleger, Mitglieder des noch heute bestehenden Börsenvereins des Deutschen Buchhandels, von denen 1912 die Initiative zur Gründung der Deutschen Bücherei ausging.

Werfen wir nun einen Blick in den Großen Lesesaal, wo wir vielleicht sogar einen interessanten Band aus dem Regal der Neuerscheinungen nehmen und uns ein wenig darin vertiefen. Nicht nur Studenten und Professoren, sondern auch viele Schriftsteller haben hier seit vielen Jahrzehnten gesessen, gelesen und gearbeitet. Christa Wolf zum Beispiel oder Uwe Johnson, der seine Studienzeit in Leipzig verbrachte. Auch für den Leipziger Schriftsteller Erich Loest, der mit dem erfolgreich verfilmten Roman „Nikolaikirche" der friedlichen Revolution von 1989 ein literarisches Denkmal gesetzt hat, ist die Deutsche Bücherei eine geistige Heimat gewesen. In einem Interview sagte er: „Ich verdanke sehr viel der Deutschen Bücherei. Ich habe, wenn man das zusammenrechnet, wahrscheinlich Jahre dort zugebracht, und viele meiner Bücher wären gar nicht denkbar ohne das, was ich dort aus den Schätzen herausgezogen habe."

Der Große Lesesaal ist aber nicht nur ein Ort konzentrierten Studiums, sondern spielt auch von Zeit zu Zeit als Veranstaltungsraum für das Kulturleben der Messestadt eine wichtige Rolle. So finden hier zum Beispiel während des Bücher- und Literaturfestivals „Leipzig liest" jeweils zur Buchmesse im Frühjahr Lesungen statt, bei denen der Lesesaal regelmäßig überfüllt ist.

Zum Abschluss empfiehlt sich noch ein Besuch des hauseigenen Deutschen Buch- und Schriftmuseums, das schon 1884 als Deutsches Buchgewerbe-Museum gegründet wurde. Die Dauerausstellung, die einen weltweit bedeutenden Bestand an Zeugnissen zur Papier-, Buch und Schriftkultur beherbergt, ist zwar seit Ende 2008 aufgrund von Umbaumaßnahmen geschlossen – sie soll im vierten Erweiterungsbau in einigen Jahren ein neues Domizil erhalten –, unabhängig davon sind aber regelmäßig interessante Sonderausstellungen zu sehen.

Parklandschaft und Nekropole:
Auf dem Südfriedhof

Nicht nur Trauernde besuchen Friedhöfe. Gräberfelder üben seit jeher eine besondere Faszination aus. Sie erinnern die Lebenden an die Endlichkeit ihres Seins und sind zugleich eindrucksvolle Zeugnisse menschlicher Existenz. Während Trauernde sich beim Besuch von Gräbern ihren verstorbenen Angehörigen verbunden fühlen, erweisen sich Friedhöfe auch für Unbeteiligte als interessante und anziehende Orte. Nicht anders als Kirchen oder andere historische Gebäude zeugen sie von der Kultur und Geschichte eines Ortes oder einer Landschaft. Jedes einzelne Grab ist mit dem ganz individuellen Schicksal eines Menschen oder einer Familie verbunden. Der Aufwand, mit dem es gestaltet wurde, die künstlerische Form, die Symbolik sowie die Inschriften lassen Rückschlüsse zu auf die Persönlichkeit und die soziale Stellung des Verstorbe-

nen, auf die Wertschätzung durch die Nachwelt, aber
auch auf seine weltanschauliche Position.

Im Süden Leipzigs, gleich neben dem Völkerschlachtdenkmal, erstreckt sich auf dem Gelände, auf
dem 1813 Napoleons Truppen besiegt wurden, einer
der größten Friedhöfe Deutschlands. Der Leipziger
Südfriedhof lohnt aber nicht nur aus historischen
Gründen einen Besuch, er ist auch ein wunderschöner
Park mit alten Bäumen, seltenen Gehölzern und Blu-
menbepflanzungen. Wer dem Getriebe der Innenstadt
für eine oder zwei Stunden entfliehen möchte, der findet auf dem Südfriedhof ein Refugium der Stille, das
zu Spaziergängen einlädt oder zum Verweilen. Mit der
Straßenbahnlinie 15 ist die Haltestelle Völkerschlachtdenkmal von der Innenstadt aus schon nach wenigen
Minuten erreicht. Von hier aus gelangt man schnell
zum Nordtor des Friedhofs. Dahinter führt eine
schnurgerade Hauptachse direkt auf den eindrucksvollen Komplex der neoromanischen Feierhalle mit ihrem
60 Meter hohen Turm zu, die von dem Architekten Otto
Wilhelm Scharenberg in Anlehnung an das Kloster
Maria Laach in der Eifel gestaltet wurde. 1886 wurde
die 82 Hektar große Anlage eröffnet.

Die Entstehung des Südfriedhofs spiegelt die Entwicklung Leipzigs seit Mitte des 19. Jahrhunderts
wider. Aus der alten Handels- und Messestadt hatte sich
unter dem Vorzeichen der Industriellen Revolution ein
dynamischer Industriestandort entwickelt. 1871, im
Jahr der Reichsgründung, lebten hier schon 100 000
Menschen, zur Jahrhundertwende waren es mehr als
450 000. Neue Häuser, Straßen, Wohnviertel, Stadtge-
biete wurden gebaut, ehemalige Dörfer eingemeindet,

auf einstigen Wiesen und Feldern entstanden Fabrikge-
bäude. Immer mehr Menschen lebten in Leipzig, aber
immer mehr starben auch hier. Das warf schon bald
Probleme auf. Der Alte Johannisfriedhof, der viele Jahrhunderte lang die einzige Begräbnisstätte der Stadt
gewesen war, hatte schon Mitte des 19. Jahrhunderts
nicht mehr ausgereicht. Zwar war 1846 der zu DDR-Zeit
zum „Friedenspark" umgestaltete Neue Johannisfriedhof dazugekommen, aber auch hier wurde der Platz
schon bald knapp, zumal sich das Gelände kaum erwei-
tern ließ. Bestattet werden mussten nicht nur die Fa-
brikarbeiter und einfachen Angestellten der Handels-
firmen, sondern auch jene Menschen, die aufgestiegen
und zu Reichtum gelangt waren. Denen reichte eine
schlichte und schmale Grabstätte nicht aus, sie wollten, dass der Erfolg, den sie im Leben gehabt hatten,
auch an ihrer letzten Ruhestätte ablesbar sein sollte.

In einer Broschüre über den Südfriedhof schreibt
der Leipziger Autor Wolfgang Knape: „Der Ruf nach
einem neuen Friedhof war unüberhörbar. Und so ging
man daran, nach geeigneten Flächen außerhalb der
Stadtgrenzen Ausschau zu halten. Ideale Bodenverhält-
nisse und ein erweiterungsfähiges Areal fand man
schließlich auf der zu Probstheida gehörenden Flur.
Das war im Jahre 1879. Die Architekten Hugo Licht und
Otto Wittenberg entwarfen daraufhin den ersten Plan
für einen neuen städtischen Zentralfriedhof, und dass
sich zwei so renommierte Männer – Stadtbaurat und
Professor für Baukunst der eine, Städtischer Garten-
direktor der andere – der Sache annahmen, spricht für
die Bedeutung, die man der künftigen Anlage am
Napoleonstein zumaß."

Nur etwa ein Drittel der Fläche ist mit Gräbern belegt, sodass der Eindruck einer großzügigen Parklandschaft entsteht. Im Vergleich zu weltberühmten Anlagen wie dem Wiener Zentralfriedhof oder dem Friedhof Père Lachaise in Paris finden sich hier zwar sehr viel weniger Gräber von Prominenten, doch wurden zum Beispiel mit dem Dichter Christian Fürchtegott Gellert, dem Verleger Fritz Baedecker, den Musikern Franz Konwitschny und Günter Ramin sowie – aus jüngster Zeit – den Malern Werner Tübke und Wolfgang Mattheuer auch auf dem Südfriedhof eine ganze Reihe bedeutender Persönlichkeiten bestattet.

An einer nicht markierten Stelle setzte man auch eine der umstrittensten Persönlichkeiten der deutschen Geschichte des 20. Jahrhunderts bei: den niederländischen Anarchisten Marinus van der Lubbe. Der 24-Jährige war am 27. Februar 1933 im brennenden Reichstag als mutmaßlicher Brandstifter festgenommen worden. Gemeinsam mit vier Kommunisten – darunter dem bulgarischen KP-Funktionär Georgi Dimitroff –, die aus Mangel an Beweisen später freigesprochen werden mussten, wurde van der Lubbe vom Leipziger Reichsgericht wegen Hochverrats in Tateinheit mit Brandstiftung angeklagt. Er wurde zum Tode verurteilt, das Urteil wurde am 10. Januar 1934 vollstreckt. Der Tathergang des Reichstagsbrands, den die Nationalsozialisten politisch gnadenlos instrumentalisierten, ist bis heute nicht völlig aufgeklärt. Van der Lubbes Todesurteil wurde nach dem Krieg mehrfach juristisch angefochten und 2007 endgültig aufgehoben. Am 13. Januar 1999, an van der Lubbes 90. Geburtstag, enthüllten zwei seiner Cousinen den von einer

niederländischen Stiftung finanzierten Gedenkstein,
der nun auf dem Leipziger Südfriedhof an den Hinge-
richteten erinnert.

Die meisten Besucher kommen aber nicht hierher,
um die Ruhestätten bekannter Persönlichkeiten zu
besuchen, sondern um beim Spaziergang durch eine
wunderschöne Parklandschaft interessant gestaltete
Grabmäler aus dem Historismus und dem Jugendstil
zu betrachten. Wir finden hier Pyramiden und Tempel,
protzige Marmorgrüfte und züchtige Engel, aber auch
nackte oder mit fast transparent erscheinenden
Gewändern bekleidete Skulpturen, deren Darstellungen uns die Nähe von Eros und Thanatos, von Liebe und
Tod, vor Augen führen. Vor allem im Mai, wenn die
Rhododendren blühen, hat ein Besuch des Südfriedhofs besonderen Reiz. Wir betrachten die Gräber, lesen
die Inschriften, die oft das ewige Andenken beschwö-
ren und doch längst verblichen und kaum noch zu ent-
ziffern sind, versuchen uns das Leben der hier begrabe-
nen Menschen vorzustellen und werden dann durch
eines der vielen zutraulichen Eichhörnchen aus unse-
ren Träumereien gerissen.

Wenn der Klotz romantisch wird:
Abendstimmung
am Völkerschlachtdenkmal

Am 18. Oktober 1813 hatten die verbündeten Armeen der Preußen, Russen, Österreicher, Schweden und Engländer bei Leipzig in einem unglaublich blutigen Gemetzel, das als erste Massenschlacht der Militärgeschichte gilt, Napoleons Untergang eingeleitet. Insgesamt waren mehr als eine halbe Million Soldaten beteiligt. Doch die Befreiung Europas von der Vorherrschaft eines Despoten war teuer erkauft worden, auf beiden Seiten fielen während der drei Tage andauernden Schlacht mehr als 100 000 Soldaten.

„Groß und herrlich" muss es sein. So hatte sich der Dichter Ernst Moritz Arndt das Denkmal vorgestellt, das an die Leipziger Völkerschlacht erinnern sollte. Arndt wünschte sich das Denkmal „wie ein Koloss, eine Pyramide, ein Dom in Köln", doch der patriotische und leider auch nationalistisch und antisemitisch eingestellte Dichter starb 1860, mehr als ein halbes Jahrhundert vor der Einweihung des Völkerschlachtdenkmals.

Ausgerechnet die Sachsen, die in der Völkerschlacht (wie fast immer) auf der Verliererseite gestanden hatten, bauten schließlich das Monument, das vielleicht nicht herrlich, aber ganz sicher groß geworden ist. Ein Koloss allemal, ein pathetisches und dazu merkwürdig sakrales Bauwerk, das Ausdruck völkischen Denkens ist und in seiner weihevollen Monumentalität vielleicht doch ungewollt vor Krieg und Heldentod warnt. Am 18. Oktober 1898 wurde der Grundstein gelegt. Die Bauarbeiten dauerten anderthalb Jahrzehnte an. Insgesamt wurden 26 500 Natursteinblöcke aus Beuchaer Granit und 120 000 Kubikmeter Beton verbaut. Der Entwurf stammte von dem Berliner Architekten Bruno Schmitz, einem Spezialisten fürs Monumentale. Nach seinen Entwürfen wurden auch das Kyffhäuser-Denkmal und das Kaiser-Wilhelm-Denkmal am Deutschen Eck in Koblenz erbaut. Maßgeblich an der künstlerischen Gestaltung waren die beiden Bildhauer Christian Behrens und Franz Metzner beteiligt.

Wer hineingeht, hinabsteigt in die Krypta, die ein riesiges Grab symbolisiert, die gewaltigen Schicksalsmasken, die auf ihre Schwerter gestützten Krieger sieht, die allegorischen Figuren, und schließlich hinaufsteigt, vorbei an den 324 fast lebensgroßen reitenden Helden, die die Innenkuppel der Ruhmeshalle überziehen, dem wird ganz schwarz vor Augen angesichts von so viel heraufbeschworenem Opfermut. So ist man froh, schließlich hinaustreten zu können und in 91 Metern Höhe einen der spektakulärsten Ausblicke auf Leipzig und das Umland zu genießen.

Zur DDR-Zeit freilich konnte es passieren, dass man hier stand und buchstäblich nichts sah, da alles im dichten Smog lag. Und wenn der Himmel mal aufriss, dann betrachtete man vor sich die immer weiter verfallende Stadt mit ihren durchlöcherten Dächern und konnte nach Süden hin sehen, wie irritierend nah sich die riesigen Bagger und Förderbrücken des Braunkohletagebaus bereits an Leipzig herangefressen hatten. Heute bietet sich ein völlig verändertes Bild: Die alten Gebäude sind restauriert, markante Neubauten wie die Sendezentrale des Mitteldeutschen Rundfunks kamen hinzu und aus dem beängstigend nahen Tagebau wurde eine anmutige Seenlandschaft.

Der österreichische Schriftsteller Joseph Roth hat in den 1920er-Jahren nach einem Leipzig-Besuch ein vernichtendes Urteil über das Denkmal gefällt. Er schrieb:

Welch eine gewaltige Sinnlosigkeit, auf einem künstlichen Hügel aus künstlichen Abfällen hingestellt, mit der Absicht, dem Betrachter Bewunderung abzuringen, aber vor lauter Größe nicht einmal imstande, sich betrachten zu lassen. Künftigen Geschlechtern sollte es eine trutzige Mahnung sein. Nun ist es das Ausflugsziel pflichtgemäß versammelter Schulkinder geworden, denen ein historisierender Alpdruck mit ins Leben gegeben wird.

Der Schriftsteller Erich Loest hat sich eingehender mit dem Bauwerk beschäftigt und es 1984 sogar zum Schauplatz seines Romans „Völkerschlachtdenkmal" gemacht. Darin erzählt er von einem merkwürdigen alten Mann namens Fredi Linden, der als Wärter in dem Denkmal gearbeitet hat. Die Stasi verhaftet ihn, weil er versucht haben soll, das riesige Bauwerk in die Luft zu sprengen. Beim Verhör berichtet er von tragischen und grotesken Geschehnissen, die weit in die Historie Sachsens zurückreichen. 2009 hat Loest die Geschichte von Fredi Linden für seinen Roman „Löwenstadt" übernommen, überarbeitet und bis in die jüngste Vergangenheit fortgeschrieben.

Kein Zweifel, das Denkmal übt eine merkwürdige Anziehungskraft aus. Nicht nur Touristen kommen Tag für Tag, im Inneren, wo die Nachhallzeit acht bis 15 Sekunden beträgt, werden auch Konzerte veranstaltet. Es gibt sogar einen eigenen Chor, der hier regelmäßig auftritt. Die Mitglieder von „Traditionsvereinen", die in die Rolle von Soldaten der 1813 beteiligten Armeen schlüpfen und Wert darauf legen, dass möglichst alle Uniformdetails originalgetreu nachgebildet sind, aber den blutigen Ernst der damaligen Zeit wahrscheinlich kaum nachempfinden können, treffen sich zu bestimmten Anlässen vor dem Monument. Und auch die auf merkwürdige Weise schwarz gekleideten und tätowierten Anhänger der Gothic-Bewegung, die einmal im Jahr in Leipzig ein Wave-Gothic-Treffen organisieren, zieht es offenbar magisch hierher.

Die Leipziger selbst haben freilich ein ambivalentes Verhältnis zu diesem Denkmal. Der Kabarettist Bernd-Lutz Lange hat diese Haltung in seiner „Gebrauchsanweisung für Leipzig" so beschrieben:

Keinem Leipzig-Besucher bleibt die Besichtigung des Völkerschlachtdenkmals erspart! Ob die Cousine aus Kötzschenbroda oder der Onkel aus München kommt – um das Denkmal kommen sie nicht drumrum. Ich würde nicht sagen, dass die

*Leipziger besonders stolz auf den Steinklotz wären oder dass
sie ihn besonders schön fänden, aber ‚morr musses gesähn
hamm!'*

Aber ich will Sie gar nicht hinein- oder hinauflocken,
denn die Aussichtsplattform des Völkerschlachtdenkmals ist durchaus kein stiller Winkel, sondern einer von
Leipzigs touristischen Hauptanziehungspunkten. Nein,
wir sollten das klotzige Bauwerk, das einst sechs Millionen Goldmark gekostet hat, nicht tagsüber besuchen,
sondern am Abend. Zur blauen Stunde, wenn die letzten
Touristenbusse weggefahren sind, legt sich über dieses
riesige Landart-Ensemble mit seinen künstlichen Hän-
gen und der weiten Fläche des Wasserbassins, in dem
sich das Monument spiegelt, eine eigentümliche Stille.

Wir steigen die Haupttreppe hinauf, setzen uns auf
eine der Stufen unterhalb des 18 Meter hohen Reliefs
des Erzengels Michael und blicken hinüber zur Innenstadt, hinter der die Sonne nun langsam untergeht.
Auf dem großen Steinsockel neben der linken Treppe
kuschelt ein Liebespaar, gegenüber sitzen ein paar junge Leute. Einer klimpert auf einer Gitarre, die anderen
trinken Rotwein aus Plastikbechern. Verflogen ist das
Pathos des Denkmals, das nun eine romantische und
fast ein wenig melancholische Stimmung verbreitet –
ein guter Platz zum Träumen. Der blaue Himmel, der
nun immer stärker in das flammende Rot des Abends
übergeht, das satte Grün der Rasenflächen, das dunkle
Braun der Steine und in der Ferne wie eine Verheißung
die Häuser, Kuppeln und Türme der Stadt – dieser fan-
tastische Ausblick erinnert an die Stimmung einiger
Bilder des Leipziger Malers Wolfgang Mattheuer.

Blicke über die Stadt:
Auf dem Fockeberg

In den frühen Morgenstunden des 4. Dezember 1943 flogen 442 Bomber der Royal Air Force in Richtung Leipzig. Um 3.39 Uhr wurden die Menschen durch gellende Sirenen aus dem Schlaf gerissen, um 3.50 Uhr schwebten Leuchtbomben, die sogenannten Christbäume, vom Himmel und tauchten Leipzig in gespenstisches Licht. Kurz danach fielen die ersten Bomben. Bis 4.25 Uhr warfen die britischen Flugzeuge etwa 1400 Tonnen Spreng- und Brandbomben ab. Häuser zerbarsten, ganze Straßenzüge standen in Flammen, Menschen wurden durch herabstürzende Trümmer erschlagen, verbrannten oder erstickten in den Kellern. Als um 5.32 Uhr Entwarnung gegeben wurde, lebten etwa 1800 Leipziger nicht mehr. Die Brände konnten nur mühsam bekämpft werden, denn die Hälfte der Leipziger Feuerwehrkräfte war zuvor nach Berlin abgezogen worden. Tausende von Wohnungen, Hunderte Geschäftshäuser und Fabriken, aber auch viele historische Gebäude im Stadtzentrum, wie zum Beispiel das Neue Theater, das Bildermuseum, das Schiff der Johanniskirche und die Matthäikirche, gingen in dieser Nacht für immer verloren. Es war nicht der erste Angriff und es sollte auch nicht der letzte bleiben, zu Kriegsende lag Leipzig – wie fast alle anderen deutschen Großstädte – in Trümmern.

Wo sollte man hin mit diesem Gebirge aus gebrochenen Mauern, zerborstenen Wänden, durchglühten Ziegeln, das sich überall in der Stadt auftürmte? Die Stadtverwaltung entschied sich für ein Terrain in der Südvorstadt an der Fockestraße in Höhe der Hardenbergstraße. Dorthin brachte man jahrelang die Trümmer und türmte sie auf, sodass sich mit der Zeit mitten im flachen Leipzig ein Berg erhob. Bald reichte die Muskelkraft nicht mehr aus, sodass eine Trümmerbahn gebaut wurde, die unablässig Trümmermassen den Berg hinaufbrachte. Scherbelberg, sagten viele Leipziger, dabei hatten sie ja bereits im Rosental den im späten 19. Jahrhundert aus Hausmüll aufgetürmten Rosentalhügel, der im Volksmund auch Scherbelberg genannt wird. Inzwischen hat sich der Name Fockeberg eingebürgert, nach der Straße, die die künstliche Erhebung tangiert.

Die Nachkriegszeit ist vorbei und die Erinnerung an Ruinen und Trümmer längst verblasst, geblieben ist der Fockeberg, dem man seinen traurigen Ursprung schon lange nicht mehr ansieht. Mit 153 Metern ist er nach dem Monarchenhügel in Liebertwolkwitz (die geschichtsträchtige Erhebung, auf der sich 1813 der russische Zar, der österreichische Kaiser und der preußische König begegneten, bringt es auf 159 Meter), die zweithöchste Erhebung im Leipziger Stadtgebiet.

Spazieren wir also hinauf auf Leipzigs Hausberg. Der asphaltierte Serpentinenweg führt vorbei an einem fast urwaldartig dichten Wald mit üppigem Buschwerk, ein natürlicher Abenteuerspielplatz für unternehmungslustige Kinder. Für Verliebte hält der Fockeberg jede Menge lauschige Plätze bereit, denn wer hier ungestört sein möchte, der bleibt es auch. Der Weg selbst ist allerdings bei Fahrradfahrern und Joggern sehr beliebt, die sich in fröhlicher Selbstkasteiung ein ums andere Mal hinaufquälen. Am Wegesrand sieht man immer mal wieder Holzskulpturen der Bildhauer J. und R. Steege, die noch aus der DDR-Zeit stammen und leider teilweise beschädigt sind. Der Weg nach oben lohnt sich, denn von hier aus bietet sich ein wunderbarer Panoramablick auf die Stadt. Man sieht die City mit dem Neuen Rathaus, dem Markt und dem Augustusplatz, im Südosten die Deutsche Bücherei und das Völkerschlachtdenkmal und immer wieder Wälder, Wiesen, Auen. Oft sind die Büsche hier oben so hoch gewachsen, dass sie die einzelnen Ausblicke wie Gemälde rahmen.

Der Fockeberg ist ein guter Platz für ein Picknick. Nicht nur junge Leute erobern gern zum Sonnenuntergang den „Gipfel", um das Panorama zu genießen und unter freiem Himmel eine Party zu feiern. Aber meistens ist es hier still, wenn nicht gerade wieder ein Seifenkistenrennen oder ein „Berglauf" veranstaltet wird. Nur einmal im Jahr herrscht hier oben mehr Gedränge als zwischen den Kojen der Leipziger Buchmesse: Am

Silvesterabend zieht es Tausende auf den Fockeberg,
denn nirgendwo sonst bietet sich ein auch nur annä-
hernd so grandioser Blick auf das alljährliche Feuer-
werk. Wahrscheinlich ist es gut, dass kaum jemand,
der in dieser Nacht fröhlich Raketen steigen lässt und
Champagner trinkt, daran denkt, dass er auf den Trümmern zerbombter Häuser steht.

Stille Wasser, grüne Ufer:
Mit dem Boot auf der Weißen Elster

Früher durfte man es wörtlich nehmen: In der Spätzeit der DDR trug die Weiße Elster tatsächlich manchmal weiße Schaumkronen. Wie die Pleiße, die man damals im Innenstadtbereich schamhaft unter dem Erdboden verschwinden ließ, waren auch die meisten anderen Leipziger Gewässer extrem verschmutzt und vielfach sogar verseucht. Schuld waren die vielen Industrieabwässer, die oft ungeklärt eingeleitet wurden. Kein Wunder, dass sich die Leipziger Bürgerrechtler 1988/89 auch stark ökologisch engagierten. So veranstalteten Friedens- und Umweltgruppen am 4. Juni 1989 einen „Pleiße-Gedenkmarsch", der ein Großaufgebot von Polizei und Stasi auf den Plan rief, das die friedliche Protestaktion aber dennoch nicht unterbinden konnte.

Vorbei ist das alles, aber nicht vergessen. Fast hat man den Eindruck, dass die Leipziger ihre wiedergewonnenen Gewässer nun ganz besonders schätzen und lieben. Vielleicht hat man sich hier ein Gefühl dafür bewahrt, dass es eben nicht selbstverständlich ist, an einem Flüsschen spazieren gehen und Enten, Gänse und fröhliche Ruderer beobachten zu können, ohne dass es dort stinkt. Die Pleiße ist nach der Wende wieder zu neuen Ehren gekommen, sie ist nicht nur sauber, sondern hat nun auch wieder einen würdigen Auftritt in der Innenstadt. Man hat sie hervorgeholt und damit die alte Situation wiederhergestellt. Mancher Blick, der jahrzehntelang überbaut war, präsentiert sich heute wieder so wie zu Anfang des 20. Jahrhunderts. So plätschert die Pleiße zum Beispiel nun wieder sichtbar am ehemaligen Reichsgerichtsgebäude vorbei, in dem seit 2002 das Bundesverwaltungsgericht untergebracht ist – eine wunderschöne Perspektive, die viele jüngere Leipziger nur von historischen Stadtansichten kannten.

Aber wir verlassen die Innenstadt, fahren mit der Straßenbahn Richtung Westen, berühren das gründerzeitliche Wohn- und Industriegebiet Plagwitz und erreichen über den Klingerweg und die Könneritzstraße an der Schleußiger Brücke schließlich die Weiße Elster. An der Antonienstraße 2 mieten wir beim traditionsreichen Bootsverleih Herold, einem Familienbetrieb, der selbst die schwierigen vier DDR-Jahrzehnte überstanden hat und inzwischen sein 120. Jubiläum feiern konnte, ein Ruderboot. Wir könnten es auch bequemer haben und uns in einem von Herolds Motorbooten von einem Kapitän durch Leipzigs Gewässer schippern lassen, aber beschaulicher und stiller ist es im Ruderboot oder im Kanu allemal.

Also legen wir ab und rudern auf der Weißen Elster Richtung Norden, vorbei an Schrebergärten und den Rückseiten der Gründerzeit-Mietshäuser, die ihre Vorderseite der Könneritzstraße zuwenden. Vorbei auch an ehemaligen Fabriken und kleinen Werkstätten. Früher war das hier ein Industrieviertel, in dem es laut und schmutzig zuging.

Dass gerade an diesem Ort viele Fabriken und Werkstätten entstanden, ist das Verdienst des Rechtsanwalts Karl Heine. 1854 hatte der Jurist begonnen, in dem Dorf Plagwitz Grundstücke zu erwerben. Zwei Jahre später begann er mit dem Bau einer 2,6 Kilometer langen künstlichen Wasserstraße, die die Weiße Elster mit der Saale verbinden und das entstehende Industriegebiet erschließen sollte. 1858 gründete er die „Öconomie", eine Gesellschaft, die die Industrialisierung von Plagwitz und Schleußig voranbringen sollte. Und Heine hatte Erfolg, zuerst eröffnete er eine Ziegelei und eine Schmiede, doch bald siedelten sich immer mehr Firmen an, es wurden Werkstätten, Fabriken und Wohnhäuser für die Arbeiter gebaut. Heine, der bald zu den erfolgreichsten Leipziger Unternehmern gehörte, ließ sich 1874 am Nordende der Könneritzstraße in einem parkähnlichen Grundstück eine prächtige Villa erbauen, die er bis zu seinem Tod im Jahr 1888 bewohnte. Nicht weit davon entfernt, an der Südseite der Käthe-Kollwitz-Straße zwischen der Einmündung des Klingerwegs und dem Pleißeflutbett, steht ein Bronzedenkmal, das den Industriellen zeigt, wie er sich auf eine Spitzhacke lehnt. Es wurde 1896/97 von dem Bildhauer Carl Ludwig Seffner entworfen, von dem auch das Bach-Denkmal vor der Thomaskirche stammt.

Allerdings stand der Denkmalsockel jahrzehntelang leer, da das Standbild 1942 als „Metallspende" konfisziert und später eingeschmolzen wurde. Erst 2001 konnte ein Nachguss gefertigt werden, der nun wieder auf dem Sockel steht und an den Mann erinnert, der die Industrialisierung des Leipziger Südwestens im 19. Jahrhundert organisiert hat.

Heute ist aus dem früheren Industriegebiet ein Wohn- und Freizeitrevier geworden. Gleich mehrere „Seniorenresidenzen", wie Altersheime gern beschönigend genannt werden, sind nach der Wende hier entstanden, vor allem aber schicke Lofts in den ehemaligen Fabrikgebäuden, deren historistische Backsteinarchitektur erst jetzt richtig zur Geltung kommt. Links sehen wir einen Kiosk, an dem Ruderer eine Cola oder ein Bier kaufen können, bald passieren wir den nächsten Bootsverleih und dann gleich mehrere Restaurants, wo man anlegen, etwas essen oder trinken kann. Besonders malerisch ist das „Ristorante da Vito", nicht nur dank seiner hübschen Terrasse direkt am Wasser, sondern vor allem weil hier gleich zwei echte venezianische Gondeln festgemacht haben. Sie sind keineswegs nur Dekoration, sondern man kann sie auch mieten und sich von einem Gondoliere durch die Leipziger Flüsschen und Kanäle fahren lassen.

Wir rudern weiter, unterqueren die alte Eisenbogenkonstruktion der Könneritzbrücke, erreichen die Kleine Luppe, die hier ins Elsterflutbecken mündet. Doch Vorsicht, eine Staustufe und ein Wehr versperren die Weiterfahrt, kehren wir also lieber um und fahren durch die postindustrielle Idylle von Plagwitz zurück. Bald biegen wir rechts in den Karl-Heine-Kanal ein. Am

Anfang ist dieser ein bisschen eng, sodass es dem Ruderer nicht ganz leicht fällt, die schmale Zufahrt zu passieren. Doch dann wird es leichter; auch hier gibt es
interessante Durchblicke, viele Brücken und alte In-
dustrieanlagen mit neuer Funktion. Fast schon etwas
futuristisch sieht das „Riverboat" aus, markant thront
das Sendestudio der gleichnamigen Talkshow des Mitteldeutschen Rundfunks seit 2003 auf einer alten Gleis-
brücke.

Auf jeden Fall lohnt die Weiterfahrt bis zum Restaurant im Stelzenhaus. Anfang des 20. Jahrhunderts, als
der Baugrund im Industriegebiet des Leipziger Wes-
tens schon knapp geworden war, hatte der Architekt
Hermann Böttcher mit einer stelzenartigen Stahlbe-
tonkonstruktion die Kanalböschung überbaut und
damit Platz für die von ihm zu errichtende Fabrik zur
Zinkblechherstellung gewonnen. Von 2001 bis 2003
wurde dieses interessante Denkmal der Industriearchi-
tektur sehr geschmackvoll und aufwendig restauriert.
So lädt es jetzt mit seinem Restaurant nicht nur Ruderer zum Verweilen ein.

Schlachtfelder en miniature:
Im Torhaus Dölitz

Kein Zweifel, wir wandern auf geschichtsträchtigem Boden. Nachdem wir die Straßenbahnlinie Nummer 11 an der Leinestraße verlassen haben und in die stille Helenenstraße eingebogen sind, sehen wir an dem Haus Nummer 39 eine Tafel mit dem folgenden Hinweis: „1810 erbaut. – Im Verlauf der Völkerschlacht 1813 bei den Gefechten um Schloss Dölitz arg beschädigt. Die vier Originalkanonenkugeln zeugen davon. – Hier war von 1839 bis 1910 der Sitz des Dölitzer Gemeindeamtes und der Dorfsparkasse. – 1992 verhinderten 2 Mitarbeiter des Denkmalschutzes als ‚lebende Barrikade' den versuchten Abriss des Gebäudes. – Heute Privathaus, kein Museum."

Wenig später haben wir die Reste des ehemaligen Dölitzer Schlosses erreicht. Malerisch sieht das Torhaus aus, der einzige Teil der einst stattlichen Anlage, der bis heute erhalten geblieben ist. Es wurde 1670 bis 1672 erbaut, in der spätesten Spätrenaissance, die sich bereits zum Frühbarock wandelte. Ursprünglich bilde-te dieses Torhaus den Eingang zu einem prächtigen Anwesen, heute steht es nur noch für sich, ist aber ein-drucksvoll genug. Ein blau-weiß-rotes hölzernes Schil-derhaus und mehrere Markierungssteine, sogenannte Apelsteine, erinnern an die Völkerschlacht von 1813. Von 1861 bis 1864 hatte der geschichtsbegeisterte Leip-ziger Schriftsteller Guido Theodor Apel 44 schlichte Sandsteinsäulen an markanten Punkten des Schlacht-geschehens auf eigene Kosten aufstellen lassen und mit dem Buchstaben V (für die verbündeten Truppen) und N (für Napoleons Armee) versehen.

Heute wirkt das Torhaus mit seinem figurenreich verzierten Giebel friedlich und ein wenig einsam, aber im Oktober 1813 war hier die Hölle los: Die Franzosen hatten sich in dem Rittergut verschanzt. Österreicher griffen an, wurden aber mehrfach zurückgeschlagen. Es wurde gekämpft, geschossen und gestorben, bis Napoleons Soldaten am 18. und 19. Oktober den Rück-zug antraten. Eine Gedenktafel erinnert am Torhaus an einen tragischen Helden der Völkerschlacht. Auf Deutsch und auf Polnisch ist zu lesen: „Fürst Ponia-towski zum Marschall v. Frankreich am 16. Okt. 1813 ernannt – kämpfte mit polnischen Soldaten des VIII. Korps auf Seiten Napoleons." Drei Tage später war er tot. Als Befehlshaber der Nachhut sollte er Napoleons Rückzug nach der Völkerschlacht decken. Doch die Brücke, auf der er das Flüsschen Elster überqueren wollte, wurde durch ein Versehen vorzeitig gesprengt. Als er auf dem Pferd versuchte, den Fluss zu überqueren, wurde er von den Fluten mitgerissen und ertrank. Erst fünf Tage später fanden Fischer den Leichnam. Man brachte ihn in die Johanniskirche, wo er einbalsamiert wurde. Erst im Juli 1814 konnten die sterblichen Überreste des polnischen Nationalhelden nach Krakau überführt und dort beigesetzt werden.

Bevor wir in das Torhaus hineingehen, sehen wir uns den historischen Schauplatz noch ein wenig an: Schon 1929 kaufte die Stadt Leipzig das damals noch gut erhaltene Rittergut. Bei einem Bombenangriff erhielt das Schloss 1944 mehrere Treffer und wurde schwer beschädigt. Die kommunistischen Behörden hatten kein Interesse an einem Wiederaufbau und ließen das Schloss – wie Hunderte andere oft auch unversehrt erhaltene Schlösser in der sowjetischen Besatzungszone – sprengen. Die Scheune des Ritterguts fiel 1953 einem Brand zum Opfer. Es steht allein noch das Torhaus, das in der unmittelbaren Nachkriegszeit bewohnt war. Dass es trotz widrigster Umstände erhalten blieb, ist einer Gruppe von Geschichtsinteressierten zu verdanken, die 1958 hier eine kulturhistorische Ausstellung mit Zinnfiguren einrichteten.

Wenn wir das historische Gebäude betreten, können wir in der Rolle des Gulliver eine Zeitreise zurück in die Befreiungskriege unternehmen. Zigtausende der kleinen, in ihren Uniformdetails äußerst korrekt nachgebildeten Figuren bevölkern die verschiedensten Schlachtszenen und stellen Momentaufnahmen des damaligen Geschehens dar: den Brand von Moskau oder den Rückzug der Großen Armee aus Russland, ein Nachtlager der Lützower Jäger oder den Aufmarsch der preußischen und russischen Kavallerie bei Möckern.

Das Glanzstück ist jedoch ein Großdiorama, an dem sich der Verlauf der Völkerschlacht recht genau nachvollziehen lässt. Etwa 12 000 Figuren sind hier auf einem Gelände von 20 Quadratmetern so in Stellung gebracht worden, wie es historische Quellen bezeugen. Dieses großartige Schaubild entstand schon 1913, zum 100-jährigen Jubiläum der weltgeschichtlichen Schlacht. Während der DDR-Zeit konnte man es in einem Pavillon in der Nähe des Völkerschlachtdenkmals besichtigen. Doch das Bauwerk war marode, Regenwasser drang ein und beschädigte das Ensemble erheblich. So war es ein Glücksfall, dass der Verein Zinnfigurenfreunde Leipzig das Diorama im Jahr 2001 vom Stadtgeschichtlichen Museum übernahm, es mustergültig restaurierte und nun seit Sommer 2004 hier im Torhaus der Öffentlichkeit präsentiert.

Statt des Geschreis der Soldaten, des Kanonendonners, des Pferdegetrappels herrscht Stille über diesem riesigen Kriegsschauplatz en miniature. Die Soldaten sind winzig, aber nicht niedlich. Obwohl die blutige Schlacht zu einer einzigen Momentaufnahme erstarrt zu sein scheint, vermittelt dieses Schaubild doch etwas von der monströsen Grausamkeit des historischen Geschehens. Wer genau hinsieht, die zahllosen Details betrachtet und versucht, sich in die Rolle eines der damals Beteiligten hineinzudenken, der begreift schon bald, dass es im Oktober 1813 nicht im geringsten um Schlachtenromantik ging, sondern um blutige, menschenverachtende Realität.

Wiedergeburt einer Landschaft:
Am Cospudener See

Ein Beduinenzelt, ein bunt bemalter VW-Bus, eine Holzhütte, die als marokkanischer Imbiss dient, eine hölzerne Pergola, ein 35 Meter hoher futuristischer Turm aus Edelstahl und im Hintergrund eine Pyramide. Ein bisschen unwirklich mutet diese Szenerie am Südufer des Cospudener Sees schon an. An diesem sonnigen Frühsommernachmittag sind wir allein hier. Bistumshöhe heißt dieser idyllische Platz, auf dem im Jahr 2000 anlässlich der Expo der stählerne Aussichtsturm, der in seiner Form an Industrieschlote erinnern soll, errichtet wurde. Steigen wir also die 180 Stufen der Wendeltreppe hinauf und betrachten dabei das filigrane Netz der Stahlkonstruktion, das auf gelungene Weise Konstruktives mit Ästhetischem verbindet. Oben angekommen bietet sich ein fantastischer Ausblick auf den Cospudener See, auf den Elster-Stausee und auf den Zwenkauer See. Man sieht auf das Städtchen Markkleeberg und erkennt in der Ferne die markante Silhouette Leipzigs. Hier sieht man nicht nur ein wunderschönes Panorama, man betrachtet zugleich eine landschaftliche Wiedergeburt, das gute Ende einer über lange Jahre verhängnisvollen Geschichte. Noch vor zwei Jahrzehnten war das eine zerstörte Landschaft ohne Perspektive. Riesige Bagger fraßen sich gnadenlos durch die alte mitteldeutsche Kulturlandschaft, tausend Jahre alte Dörfer verschwanden, Kirchen wurden gesprengt, Friedhöfe aufgelassen, Eichen, unter denen schon Napoleons Soldaten Schatten gefunden hatten, wurden gefällt, Bauernhöfe abgerissen. Die DDR brauchte Braunkohle, koste es was es wolle. Und der Preis war hoch. Zurück blieb eine geschundene Landschaft. 1974 mussten die letzten 38 Bewohner von Cospuden ihr Dörfchen verlassen, ein Schicksal, das sie damals mit den Einwohnern mehrerer anderer Dörfer teilten. Dann rollten die Bagger an, gruben sich in die Landschaft hinein und rückten immer näher an die Leipziger Stadtgrenze heran.

1983 kam ein außergewöhnlicher Film in die Programmkinos der DDR. „Erinnerung an eine Landschaft – für Manuela" hieß die Dokumentation, in der Regisseur Kurt Tetzlaff das Sterben dreier Dörfer begleitet hat – zur DDR-Zeit ein ungewöhnliches und mutiges Projekt, das gerade in der Gegend von Leipzig auf großes Interesse stieß und Betroffenheit auslöste. Es ging nicht um Cospuden, sondern um die drei Dörfer Magdeborn, Güldengossa und Eythra, die sich gleichfalls in der Tagebauregion nahe Leipzig befanden. Drei Jahre lang beobachtete der Film die Menschen, die

Abschied nehmen mussten von ihrer Heimat. Einige
Jüngere waren froh, eine Plattenbausiedlung beziehen
zu können, die ihnen mehr Komfort bot. Aber es über-
wog die Trauer, denn mit dem Dorf verloren die Menschen ihre Wurzeln. Der Film zeigt, wie die Kirche von
Magdeborn gesprengt wird und wie Menschen, die ihre
Häuser für immer verlassen, aus alter Gewohnheit die
Türen verschließen, um dann mit einer Geste anrüh-
render Vergeblichkeit den Schlüssel in die Tasche zu
stecken. Der Film ist Manuela gewidmet, dem letzten
Kind, das in dem Dorf geboren wurde, das 1968 sein
1000-jähriges Jubiläum feierte.

Die Landschaftszerstörung im Zuge der Braun-
kohleförderung war nicht nur für die unmittelbar
Betroffenen ein Trauma. Immer mehr Menschen lehn-
ten diese Politik ab, wurden sensibler und fragten nach
Alternativen. Unter dem Dach der evangelischen Kirche bildeten sich immer mehr Umweltgruppen, die
das ökologische Desaster dokumentierten, an die
Behörden schrieben und protestierten. 1989, noch im
Jahr der friedlichen Revolution, gründeten Umwelt-
aktivisten die Initiative „Stopp Cospuden". Als es dann
1992 tatsächlich zur Einstellung der Förderung kam,
hatte sich der Tagebau schon auf eine Fläche von 5,2
Quadratkilometern ausgedehnt. 32 Millionen Tonnen
Braunkohle hatten die Bagger aus der Erde gerissen
und ein gewaltiges Loch hinterlassen.

Was nun geschah, erlebten die Leipziger wie ein
Wunder. Auf einmal wurde der Traum, den schon die
DDR-Führung verheißen, aber nie eingelöst hatte,
Wirklichkeit: Die verwüstete Landschaft bekam wieder
eine Chance, erstand völlig neu als Seenplatte, ein

„Neuseenland" mit grandiosen Freizeitmöglichkeiten. Es ging alles erstaunlich schnell, schon zu Beginn des 21. Jahrhunderts begannen die Leipziger, diese neue Landschaft in Besitz zu nehmen. Es entstanden Rad- und Wanderwege, Badestrände, Golfplätze, Restaurants mit Seeblick und Bootsausleihstationen.

Vom Turm aus sehen wir am Markkleeberger Ufer die Marina Pier 1 mit Liegeplätzen für Segelboote, mehrere Cafés und Restaurants. Südwestlich, dort wo sich die merkwürdige Pyramide erhebt, sind die Anlagen des Vergnügungsparks „Belantis" zu sehen. Sonst bietet diese zu neuem Leben erwachte Landschaft viel Weite, viel Grün und immer mehr Wasser. Lago Cospuda oder Costa Cospuda nennen die Leipziger den See und das Ufer, manche sprechen auch nur schlicht von Cossi.

Als wir wieder nach unten kommen, riecht es verführerisch. Der junge Mann vom marokkanischen Imbiss hat gerade damit begonnen, ein orientalisches Fladenbrot zu backen. Er ist Deutscher, waschechter Sachse, war aber oft in Marokko und hat von dort seine Rezepte mitgebracht. Warum der stille Platz rund um den Aussichtsturm Bistumshöhe heißt, kann er nicht sagen. „Das muss irgendwas mit der Kirche zu tun haben", mutmaßt er nur. Später erfahren wir, dass es hier einmal ein Waldgebiet gab, das Bistum genannt wurde. Den Wald hat man vor Jahrzehnten weggebaggert, seine Geschichte geriet in Vergessenheit, doch längst hat hier eine neue Geschichte begonnen, die auf wunderbare Weise zeigt, dass auch verhängnisvolle Entwicklungen manchmal einen glücklichen Ausgang nehmen.

Schauplätze der Geschichte:
Von Gustav Adolf zu Friedrich Nietzsche

Die Schweden und ihre Verbündeten befanden sich auf dem Rückzug, als am 16. November 1632 in der Nähe der kleinen Stadt Lützen eine blutige Schlacht entbrannte: Der schwedische König Gustav Adolf, der dem kaiserlichen General Wallenstein im Jahr zuvor in der Schlacht von Breitenfeld eine empfindliche Niederlage bereitet hatte und seither von den Protestanten als Glaubensheld und Retter gefeiert wurde, griff an vorderster Front ins Geschehen ein. Tatsächlich konnten sich seine Truppen auf dem Feld behaupten, aber Gustav Adolf wollte mehr. Er sprang aufs Pferd und führte persönlich eine Reiterattacke gegen Wallensteins Heer, stürmte auf einen kaiserlichen Reiter zu, der aus nächster Nähe schoss und sein Ziel nicht verfehlte. Tödlich getroffen stürzte Gustav Adolf vom Pferd, feindliche Soldaten bemächtigen sich eines Teils seiner Kleider, raubten ihn aus und ließen ihn im Staub der Schlacht liegen. Erst später wurde er von seinen Leuten geborgen und am 17. November nach Weißenfels gebracht, aufgebahrt, seziert und einbalsamiert. Ein großer Leichenzug brachte ihn schließlich nach Schweden, wo er in der Stockholmer Riddarholmskyrkan beigesetzt wurde.

Wenn wir von Leipzig aus auf der Bundesstraße 87 Richtung Westen fahren, erreichen wir nach wenigen Kilometern das historische Schlachtfeld. Linkerhand sehen wir eine Kapelle, zwei Blockhäuser und ein gusseisernes Denkmal in Form eines Baldachins. Unter dem schützenden Dach liegt ein großer Findling mit der schlichten Inschrift „GA 1632". Dieser Steinblock soll die Stelle kennzeichnen, an der die Leiche des Königs gefunden wurde. Ob es wirklich der authentische Ort ist, wird angezweifelt. Tatsache ist aber, dass viele Menschen schon seit Jahrhunderten an diesem Schwedenstein des Königs gedenken. Anfang des 19. Jahrhunderts kam die Idee auf, ihm ein würdiges Denkmal zu errichten, wofür überall im protestantischen Gebiet gesammelt wurde. 1837 konnte schließlich der im Eisengusswerk Lauchhammer hergestellte neugotische Baldachin, dessen Entwurf Karl Friedrich Schinkel geschaffen hatte, eingeweiht werden. 1907 kam die in skandinavischer Neoromanik gestaltete Gedächtniskapelle hinzu, vervollständigt wird die kleine Gedenkstätte von zwei schwedischen Blockhäusern. In einem befindet sich die Verwaltung, im anderen ein kleines Museum.

Dort ist viel über den Dreißigjährigen Krieg und die durchaus widersprüchliche Rolle des berühmten

Königs zu erfahren. Und auch darüber, dass sich um Lützen seit Jahrzehnten die Legende rankt, bei dem Gelände der Gedenkstätte handle es sich nicht um deutsches, sondern um schwedisches Territorium. Die Geschichte, die vor allem zur DDR-Zeit nicht ohne Brisanz war, geht auf folgende Begebenheit zurück: Als 1945 zunächst die Amerikaner und anschließend die Sowjets mit ihren Truppen nach Leipzig kamen, hatte der damalige Verwalter der Gedenkstätte ein großes Schild mit der Aufschrift „Swedish territory" aufgestellt. Das schützte die Anlage vor Plünderungen, obwohl sie natürlich zu keiner Zeit exterritorial gewesen ist.

Wir setzen uns auf eine Bank und betrachten noch ein wenig das malerische Ensemble, das besonders gern von skandinavischen Touristen besucht wird. Meistens geht es hier aber still zu. Jenseits der viel befahrenen Bundesstraße liegt ein Feld, und mit etwas Fantasie können wir uns auch vorstellen, wie auf dieser weiten Ebene vor fast fünf Jahrhunderten eine mörderische Schlacht tobte.

Doch fahren wir noch ein paar Kilometer weiter und biegen, nachdem wir das Städtchen Lützen durchquert haben, nach rechts ab, um Röcken zu erreichen. Röcken hat nur etwa 170 Einwohner, die sich in den letzten Jahren vor allem sorgten, dass ihr kleines Dorf dem Braunkohletagebau geopfert werden würde. Dass diese Gefahr erst einmal abgewendet zu sein scheint, verdankt Röcken nicht ausschließlich, sicher aber zu einem großen Teil einem der bedeutendsten deutschen Philosophen. Ohne ihn würde sich kaum jemand für das Dorf interessieren, doch weil Friedrich Nietzsche hier am 15. Oktober 1844 als Sohn des dama-

ligen Pastors geboren wurde und sich hier außerdem
sein Grab befindet, ist Röcken weithin bekannt. Ein
paar Höfe, alte Obstbäume, Wiesen und Felder, eine
Dorfkirche, deren Gemäuer noch aus dem 12. Jahrhun-
dert stammt, viel mehr gibt es hier nicht zu entdecken.
Wir gehen zur Kirche, an deren Südseite liegen drei
Grabplatten, auf der mittleren sind der Name und die
Lebensdaten des Philosophen zu sehen. Mehr nicht.

Nach zehnjähriger geistiger Umnachtung und lan-
gem Leiden war Nietzsche am 25. August 1900 in Weimar gestorben. Er wäre gern auf der Halbinsel Chasté
in der Nähe von Sils-Maria begraben worden. Doch für
seine geschäftstüchtige Schwester Elisabeth Förster
zählte dieser Wunsch nicht, sie wollte ihn im Garten
der Weimarer Villa Silberblick, in dem sie ihr Nietz-
sche-Archiv betrieb, begraben. Als die Weimarer Behörden ihr das verwehrten, kam sie auf die Idee, den Bru-
der in den Geburtsort Röcken zu überführen. So ganz
leicht war das nicht, denn der Dorfpfarrer sah in Nietzsche weniger den Sohn eines seiner Amtsvorgänger als
vielmehr den gottlosen Philosophen. Elisabeth musste
erst in ihre Schatulle greifen, Geld für die Kirchenkas-
se und Bücher für die Schulbibliothek spenden, bevor
der Pastor bereit war, seine Bedenken hintanzustellen.
Dass er mit seinem Einlenken keineswegs glücklich
war, zeigt der Eintrag, den er im Sterberegister des
Kirchenbuchs vornahm: „Friedrich Wilhelm Nietzsche, Prof. Dr. phil. Aus Weimar, in Röcken geboren am
15. Oktober 1844 als Sohn des damaligen Pfarrers
Nietzsche, und sonach evang., nach seinen philosph.
Werken aber antichristlich." Das Wort anti hatte er
gleich doppelt unterstrichen.

Das Pfarrhaus, in dem Nietzsche zur Welt kam, dient auch heute noch seiner ursprünglichen Funktion. Im Gebäude nebenan befindet sich eine kleine, gut gestaltete Gedenkstätte, die in drei Räumen über Nietzsches Kindheit in Röcken, über seine Familie, sein Verhältnis zu Religion und Christentum und über sein Grab informiert.

Gleich neben dem Westeingang der Kirche begegnet uns der Philosoph dann gleich dreimal in Lebensgröße: Im Jahr 2000, zu seinem 100. Todestag, wurde die nicht unumstrittene Figurengruppe des Bildhauers Klaus F. Messerschmidt aufgestellt. Sie zeigt Nietzsche am Arm seiner Mutter, wie er auf einem Atelierfoto aus dem Jahr 1892 zu sehen ist. Davor liegt eine Kopie der Grabplatte, neben der die nahezu unbekleidete Figur des Philosophen gleich zweimal zu sehen ist. Diese Darstellung bezieht sich auf eine Briefäußerung Nietzsches, der 1889 von einem Traum berichtete, in dem er „so gering gekleidet als möglich" zweimal bei seiner Beerdigung zugegen gewesen sei.

Bleiben wir noch ein wenig in der Idylle von Röcken, aus der Friedrich Nietzsche nach dem frühen Tod des Vaters 1849 vertrieben wurde. Als 13-Jähriger schrieb er die folgenden Zeilen:

Trautes Dörflein! Wie oft gedenke ich dein. Ich würde mich über Höhen und Thäler schwingen und dir zueilen. Wenn die rosenfarbene Aurora die Bergspitzen küsst, wenn das Abendrot die düsteren Haine mahlt, in dir weilt mein Sinn.

Ein fast vergessener Aussichtspunkt: Am Bismarckturm

Wer mit der Straßenbahnlinie 11 Richtung Schkeuditz fährt, erreicht an der nordwestlichen Stadtgrenze Lützschena. Schon seit 1905 führt die Leipziger Straßenbahn in dieses ehemalige Dorf, das malerisch an den Flüsschen Elster und Luppe liegt. Der Wollhändler und Kunstsammler Maximilian Freiherr Speck von Sternburg (1776–1856) führte hier in großem Maßstab die Schafzucht ein und baute eine Brauerei auf, die bald einen hervorragenden Ruf genoss. „Merke Dir Sternburg Bier" stand als großflächige Werbung auf Leipziger Häuserfassaden. Auch nach der Verstaatlichung durch die DDR-Behörden blieb die Brauerei erhalten und ihr Bier begehrt. Waren es Unwilligkeit, Unfähigkeit oder eiskaltes Kalkül? Wer sich daran erinnert, wie die Treuhand nach 1990 mit der Sternburg-Brauerei verfahren ist, kann heute nur den Kopf schütteln. Resultat:

Die westdeutsche Konkurrenz übernahm das Vertriebs-
netz und in Lützschena wurde die Brauerei geschlossen. Viele Menschen verloren ihre Arbeit und eine jahr-
hundertealte Tradition ging verloren – auch wenn heute noch „Sternburg Export" und „Sternburg Pilsener"
andernorts gebraut und vor allem in den neuen Bundesländern verkauft wird.

Wir steigen an der Haltestelle Bismarckturm aus,
laufen noch ein paar Schritte weiter und erreichen
eine wunderschöne Lindenallee. 1914/15 wurden hier
100 Krim-Linden gepflanzt, zunächst sechsreihig, im
hinteren Teil in zwei Reihen. Sie führen schnurgerade
als Sichtachse auf einen historischen Turm zu, der
höchsten Erhebung hier im Nordwesten Leipzigs. Er ist
mehr als 30 Meter hoch, dreifach gegliedert und wurde vom 1. April 1914 bis zum 1. April 1915 aus dem
damals hochmodernen Material Beton erbaut. Den Tag
der Einweihung hatte man auf den 100. Geburtstag
Otto von Bismarcks, des Eisernen Kanzlers, gelegt.

Ende des 19. und Anfang des 20. Jahrhunderts war
Bismarck in Deutschland enorm populär. Die patriotische Hochstimmung, die damals landauf landab mehr
als 200 Denkmäler hervorgebracht hat, ist längst Vergangenheit, aber einige der damals entstandenen Bismarcktürme haben die Zeiten überdauert.

Der Bismarckturm von Lützschena ist ein besonders interessantes Beispiel. Der Leipziger Architekt
Hermann Kunze hatte sich in einem Wettbewerb gegen
87 Konkurrenten durchgesetzt. Sein Entwurf wurde
mit dem 1. Preis ausgezeichnet und kam zur Ausfüh-
rung. Zu den Vorgaben der Jury gehörte die ausschließ-
liche Verwendung einheimischer Materialien, was sich

als problemlos erwies, denn die für den Eisen- und Stampfbeton nötigen Grundstoffe fanden sich in der näheren Umgebung.

Trutzig, wehrhaft und massiv sieht der in seiner kargen Gestaltung schon recht modern wirkende Turm aus, dem wir uns durch die Lindenallee nun nähern. Auf dem massiven, quadratischen Untergeschoss mit dem Eingang, über dem der Schriftzug „Bismarck" prangt, befindet sich ein erster Umgang. Von hier aus führt innerhalb des verjüngten, 12,45 Meter hohen Mittelschaftes eine Treppe zum oberen Umgang. Bekrönt wird der Turm von einem acht Meter hohen Oberschaft, der eine „Feuerschale" trägt. Fast alle Bismarcktürme, die damals in Deutschland errichtet wurden, hatten solche Feuerschalen, aus denen zu patriotischen Feiern Flammen schlagen sollten.

Jahrzehntelang war der Turm für die Leipziger ein beliebtes Ausflugsziel, denn von hier aus bietet sich eine wunderbare Aussicht auf die Stadt und das Umland bis hin nach Halle. Die DDR-Behörden konnten weder mit Bismarck noch mit dem ihm gewidmeten Turm viel anfangen. Dass er in den 1950er-Jahren offiziell in „Turm der Freundschaft" umbenannt wurde, war eine folgenlose Geste, die am allmählichen Verfall des Bauwerks nichts ändern konnte.

Erst Mitte der 1990er-Jahre ergab sich für den Turm wieder eine Perspektive: Er wurde komplett saniert und kann, weil sich der neu gegründete Bismarckturm-Verein um die Pflege und Erhaltung kümmert, seit 1997 wieder bestiegen werden. Die Öffnungszeiten sind zwar auf jeweils zwei Stunden am ersten Sonntag im Monat (jeweils 14 bis 16 Uhr) beschränkt, doch auch

sonst lohnt sich ein Ausflug zu diesem merkwürdigen
Denkmal. Da der Turm direkt vor einer kleinen Anhöhe erbaut wurde, kann man von diesem Hügel aus zu
jeder Zeit auf den unteren Umgang gelangen, von dem
aus sich ein fantastischer Panoramablick bietet. Man
sieht auf das alte Dorf Lützschena, auf die verfallene
Anlage seiner traditionsreichen Brauerei, man sieht
die Reste des Speckschen Parks und kann sich gut vorstellen, dass Lützschena in früheren Zeiten ein beliebtes Ausflugsziel der Leipziger Bevölkerung gewesen ist.
Jetzt ist es hier oben still, der Wind streicht über die
weite Landschaft, und am Horizont sind Leipzigs Türme zu erkennen.

Ein japanischer Dichter in Sachsen: Auf Mori Ogais Spuren im Park von Machern

Nur 18 Kilometer östlich vom Leipziger Stadtzentrum entfernt liegt in dem kleinen Ort Machern Sachsens schönster romantischer Landschaftspark. Ein barockes Schloss mit historischen Räumen und einem hervorragenden Restaurant, ein idyllisches Gartenreich, das zu ausgedehnten Spaziergängen einlädt, und eine interessante Geschichte lohnen den Ausflug in die Stille dieser Gegend, die erst durch den Bau der ersten deutschen Ferneisenbahn zwischen Dresden und Leipzig 1837/38 für die Leipziger zu einem beliebten Ausflugsziel geworden ist.

Das stattliche Schloss geht auf eine Wasserburg des 16. Jahrhunderts zurück, wurde aber im 17. und 18. Jahrhundert barock umgestaltet. Da die Sonne scheint, nehmen wir an einem der Tische im Schlosshof Platz und bestellen eine Tasse Kaffee und hausgemachte

Quarkkeulchen mit Apfelmus und Schlagsahne. Jetzt würde es sich lohnen, in einem Buch zu lesen, in der Novelle eines berühmten japanischen Dichters. „Fumizukai" (Der Briefbote) heißt die Novelle, die Mori Ogai 1891 in Japan veröffentlichte und die hier, im Schloss und Park von Machern, spielt. Mori Ogai (1862–1922), den in Japan jeder Gebildete kennt, lebte und studierte von 1884 bis 1888 in Leipzig, Dresden, München und Berlin und war daher ein guter Kenner der deutschen Sprache, Literatur und Geschichte. Er machte sich aber nicht nur als Dichter und Übersetzer einen Namen, sondern wurde auch als Arzt geschätzt. Die Gesamtausgabe seiner Schriften umfasst 38 Bände, darunter sind auch zahlreiche Übersetzungen deutscher Dichter, unter anderem von Lessing, Schiller, Heine, E.T.A. Hoffmann und Kleist. Mori war auch der erste, der beide Teile des „Faust" ins Japanische übersetzt hat.

Die Frage, ob häufiger japanische Touristen nach Machern kommen, bejaht die Kellnerin und erzählt, dass diese dann meistens den Hochzeitssaal sehen wollen. Auf meine Bitte hin schließt sie auch mir den Saal auf, einen Raum mit wunderschön ausgemalten Gewölben, der schon Ogai beeindruckt hat. In seiner Novelle schreibt er:

Wir kamen durch mehrere Räume, auf deren Wänden und gewölbten Decken allerlei Dämonen und Ungeheuer gemalt waren und deren Säulen mit in Stein gehauenen Tierköpfen geschmückt waren. Hier und da standen Truhen und Schilde, und Waffen aus alter Zeit waren an den Wänden aufgehängt.

Der junge Japaner, der sich als Stipendiat der japanischen Kaiserlichen Armee in Deutschland aufhielt, hatte mit Genehmigung des sächsischen Königs vom 27. August bis zum 12. September 1885 am Herbstmanöver des 12. Sächsischen Armeekorps teilgenommen und war Anfang September in Schloss Döben bei der Familie von Böhlau untergekommen, hatte aber auch zwei Nächte im Macherner Schloss gewohnt. Obwohl er in seiner Novelle einige Mitglieder der Familie von Böhlau, vor allem die älteste Tochter Ida, porträtierte, verlegte er die Handlung nach Machern, das ihn offenbar noch stärker beeindruckt hatte.

Ganz besonders sprach ihn der romantische Landschaftspark an, der im Auftrag des Besitzers Carl Heinrich August Graf von Lindenau angelegt wurde. Der preußische Bauinspektor Ephraim Wolfgang Glasewald gestaltete die Parkanlage rund um einen Schwemmteich nach dem Vorbild des Wörlitzer Parks als eine künstlich geschaffene Naturidylle mit vielfältigen Sichtbeziehungen zu kleinen Bauten wie einer Ritterburg, einem klassizistischen Tempel und einer Pyramide.

Auf gewundenen Wegen spazieren wir vom Schloss aus nach rechts durch eine Tulpenbaumallee zum Hygieiatempel und weiter zum Agnestempel, der am jenseitigen Teichufer steht. Wenn wir uns von hier aus nach rechts wenden, erreichen wir bald im äußersten Nordosten des Parks die 1795/96 nach Entwürfen von Glasewald errichtete Ritterburg.

Beseelt von romantischen Gefühlen träumten sich der Besitzer des Parks und seine Gäste in ein verklärtes Mittelalter zurück. Wie ernst es ihnen damit war, zeigt die Beschreibung der Ritterburg durch ihren Architekten Ephraim Wolfgang Glasewald: „Die in der Höhe befindlichen kleinen Fenster sind mit eisernen Stäben verwahrt: in der mit starkem Blech beschlagenen Thüre ist eine kleine mit eisernen Stäben gesicherte Öffnung, wodurch den Gefangenen die Nahrung gereicht ward. In einer Ecke ist ein großer altdeutscher Camin, an einer Wand eine angemauerte schwere Kette mit Handfesseln, und in der Mitte des Fußbodens ein rundes tief ausgemauertes Loch, welches zwey Fallthüren verschließen, als das Burgverlies."

Selbstverständlich gab es hier zu keiner Zeit Gefangene, denen Nahrung gereicht werden musste, aber bei geselligen Runden am „altdeutschen Camin" mochten den Schloss- und Gartenherrn bei einer solchen Vorstellung wohlige Schauer überkommen. Heute befindet sich vor der Ritterburg eine Freilichtbühne, die das historische Gemäuer als stimmungsvolle Kulisse in die Theateraufführungen einbezieht.

Natürlich fand auch Ogai die Ritterburg interessant und reizvoll, stärker noch beeindruckte ihn aber das exotischste Bauwerk des Macherner Parks, das wir nach wenigen Schritten erreichen: 1792 ließ sich Graf von Lindenau eine Pyramide mit einer vorgesetzten dorischen Portikus errichten. Eigentlich sollte sie als gräfliches Mausoleum dienen. In einer zeitgenössischen Beschreibung dieses Bauwerks, dessen Eingangstreppe von zwei liegenden Löwen flankiert wird, heißt es: „In diesem Tempel der Erinnerung seiner Entschlafenen pflegt der Graf mit seiner Familie zu speisen. Hier feiert er Familienfeste. Hier, wo alles um ihn her an den Tod erinnert, freut er sich mit seinen Freunden, um-

ringt von den Urnen seiner Väter. Hier ertönt der Klang
der Pokale im Gewölbe der Toten. Hier, wo der Tod
winkt, lächelt das Leben."

In Wahrheit wurde die Pyramide allerdings nicht
als Grablege, sondern tatsächlich für Feiern, aber auch
für freimaurerische Rituale genutzt. Selbstverständlich zeigte man im Herbst 1885 auch dem japanischen
Gast die geheimnisvolle Pyramide. In seiner Novelle
schreibt Ogai:

*Ein langer weißer Sandweg, an dessen beiden Seiten ein die
Beete einfassender niedriger Metallzaun verlief, führte zu
einem alten Steintor. Wir ritten hindurch und gelangten zu
einem weißgetünchten Gebäude mit einem Ziegeldach inmitten blühender weißer Eibischbäume. Auf der Südseite erhob
sich ein hoher Steinturm, der einer ägyptischen Pyramide
nachgebildet schien. Geführt von einem livrierten Diener, der
uns auf die Nachricht hin, dass wir heute hier übernachten
würden, entgegengekommen war, stiegen wir die weiße Stein-
treppe hinauf. Die durch die Bäume im Garten dringende
Abendsonne beleuchtete feuerrot die auf beiden Seiten der
Treppe kauernden Sphinxen.*

Später ließ sich Kobayashi, wie der Ich-Erzähler in der
Novelle heißt, von Ida, der Tochter des Hauses, die Pyramide zeigen:

*Sie ging eilig zum Aufgang der Pyramide und wandte sich
dort zu mir um. Ich holte sie ein und stieg vor ihr die Stufen
hinauf. Sie folgte direkt hinter mir, da ihr aber offensichtlich
das Steigen schwerfiel, machte sie unterwegs mehrere Pausen.
Als wir endlich oben angekommen waren, fanden wir die*

Plattform überraschend geräumig. Sie war von einem niedrigen eisernen Geländer eingefasst, und in der Mitte war ein großer Steinblock eingelassen.

Nun stand ich oben auf diesem Turm, die Alltagswelt weit unter mir, und jenem Mädchen gegenüber, das ich gestern von dem Hügel bei Ragewitz aus zum ersten Mal gesehen, zu dem ich mich seltsam hingezogen gefühlt hatte und das ich – weder aus gemeiner Neugier noch aus sinnlicher Begierde – im Traume gesehen und über das ich im Wachen nachgedacht hatte. Wie schön auch die von hier aus zu überblickende sächsische Ebene sein mochte, sie war nicht zu vergleichen mit dem Herzen dieses Mädchens, in dem es, so schien mir, dunkle Wälder und tiefe Abgründe gab.

Eigentlich sollte es in Machern für Mori Ogai, der den Park im fernen Japan so populär machte, dass viele japanische Bildungstouristen hierherkommen, um den Schauplatz seiner Novelle zu sehen, zumindest ein kleines Denkmal geben. Verdient hätte es der große japanische Dichter allemal.

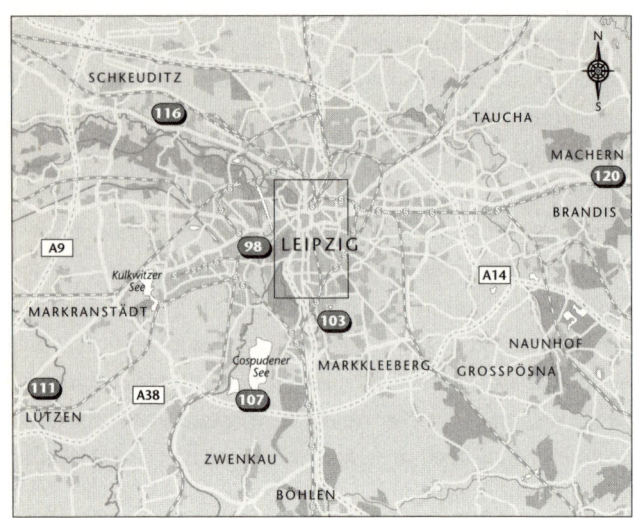

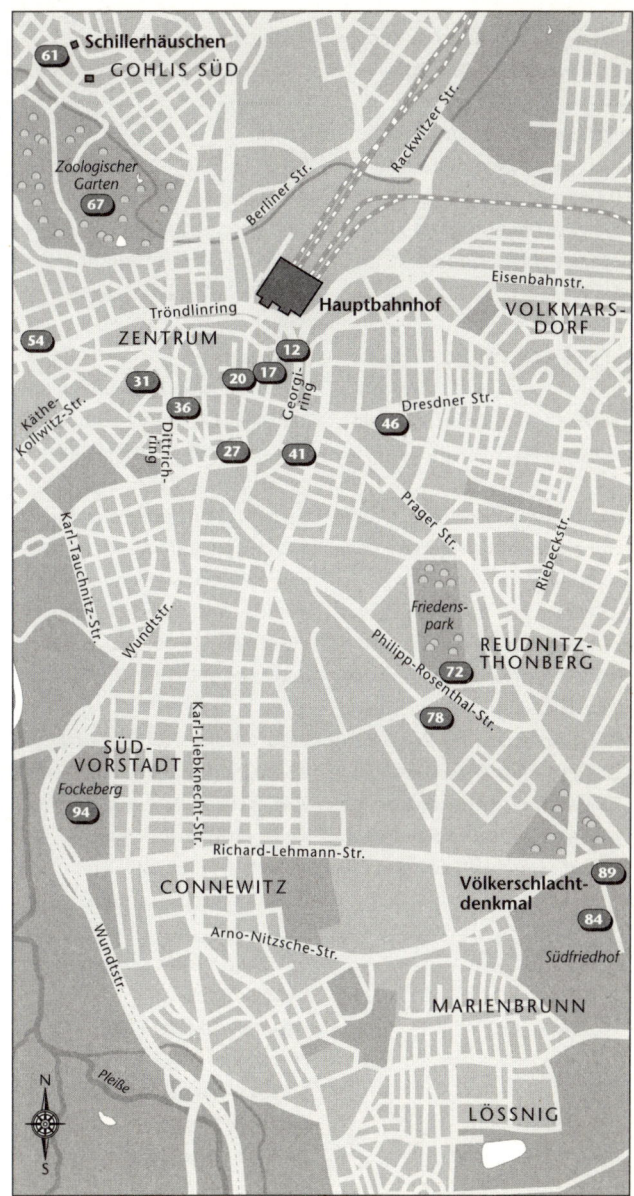

Schillerhäuschen
61
GOHLIS SÜD

Zoologischer
Garten
67

Berliner Str.

Rackwitzer Str.

Eisenbahnstr.

Hauptbahnhof   VOLKMARS-
                                    DORF

Tröndlinring
ZENTRUM
54
                12
31   20   17
     36   Georgi-   Dresdner Str.
                     ring   46
Käthe-
Kollwitz-Str.   Dittrich-
                ring   27   41

Karl-Tauchnitz-Str.   Prager Str.

                                              Riebeckstr.

Wundtstr.   Friedens-
                             park
                                    REUDNITZ-
Karl-Liebknecht-Str.   Philipp-Rosenthal-Str.   THONBERG
                             72

SÜD-   78
VORSTADT
Fockeberg
94

          Richard-Lehmann-Str.

                                    Völkerschlacht-   89
CONNEWITZ   denkmal
                                              84
Wundtstr.   Arno-Nitzsche-Str.
                                    Südfriedhof

                             MARIENBRUNN

N
          Pleiße

                             LÖSSNIG
S

Impressum

Bibliografische Information der Deutschen Bibliothek
Die Deutsche Bibliothek verzeichnet diese Publikation in der Deutschen National-bibliografie; detaillierte biblio-grafische Daten sind im Inter-net über <http://dnb.ddb.de> abrufbar.

ISBN 978-3-8319-0352-8

© Ellert & Richter Verlag GmbH, Hamburg 2009

Bildnachweis
Alle Fotos: Matthias Gretzschel, Hamburg
außer:
Titelfoto, S. 20, 89: Toma Babo-vic, Bremen

Das Titelbild zeigt das Innere der Nikolaikirche in Leipzig.

Textnachweis
S. 57–58: Simson Jakob Kreutner: Mein Leipzig, © Sachsenbuch Verlagsgesellschaft mbH 1992
S. 121, 124–125: Mori Ogai: Im Umbau. Gesammelte Erzählun-gen. Ausgewählt, aus dem Japa-nischen übertragen und erläu-tert von Wolfgang Schamoni, © Insel Verlag Frankfurt am Main und Leipzig 1998

Trotz aller Bemühungen ist es uns nicht gelungen, für einige Texte die Urheberrechtsverwal-ter zu ermitteln. Wir bitten die-se, sich gegebenenfalls mit uns in Verbindung zu setzen.

Gestaltung: Büro Brückner + Partner, Bremen
Lektorat: Annette Krüger, Hamburg
Karten: Peter Palm, Berlin
Gesamtherstellung: Offizin Andersen Nexö Leipzig GmbH